Barbara Falkinger, Gabi Lener, Lorenz Lassnigg

Schulautonomie – Wohin geht die Reise?

Materialien zur aktuellen Schuldiskussion

Schulheft 177/2020

StudienVerlag

IMPRESSUM

schulheft, 45. Jahrgang 2020

© 2020 by StudienVerlag Innsbruck

ISBN 978-3-7065-6025-2

Layout: Sachartschenko & Spreitzer OG, Wien

Umschlaggestaltung: Josef Seiter

HerausgeberInnen: Verein der Förderer der Schulhefte, Rosensteingasse 69/6, A-1170 Wien
Grete Anzengruber, Eveline Christof, Ingolf Erler, Barbara Falkinger, Florian Jilek-Bergmaier, Peter Malina, Elke Renner, Erich Ribolits, Michael Rittberger, Josef Seiter, Michael Sertl

Redaktionsadresse: schulheft, Rosensteingasse 69/6, A-1170 Wien;
E-Mail: kontakt@schulheft.at
Internet: www.schulheft.at

Redaktion dieser Ausgabe: Barbara Falkinger, Gabi Lener, Lorenz Lassnigg

Verlag: Studienverlag, Erlerstraße 10, A-6020 Innsbruck; Tel.: 0043/512/395045, Fax: 0043/512/395045-15; E-Mail: order@studienverlag.at;
Internet: www.studienverlag.at

Bezugsbedingungen: schulheft erscheint viermal jährlich.
Jahresabonnement: € 40,60
Einzelheft: € 18,20
(Preise inkl. MwSt., zuzügl. Versand)
Die Bezugspreise unterliegen der Preisbindung. Abonnement-Abbestellungen müssen spätestens 3 Monate vor Ende des Kalenderjahres schriftlich erfolgen.

Aboservice:
Tel.: +43 (0)512 395045, Fax: +43 (0)512 395045-15
E-Mail: aboservice@studienverlag.at

Geschäftliche Zuschriften – Abonnement-Bestellungen, Anzeigenaufträge usw. – senden Sie bitte an den Verlag. Redaktionelle Zuschriften – Artikel, Presseaussendungen, Bücherbesprechungen – senden Sie bitte an die Redaktionsadresse.

Die mit dem Verfassernamen gekennzeichneten Beiträge geben nicht in jedem Fall die Meinung der Redaktion oder der Herausgeber wieder. Die Verfasser sind verantwortlich für die Richtigkeit der in ihren Beiträgen mitgeteilten Tatbestände.
Für unverlangt eingesandte Manuskripte übernehmen Redaktion und Verlag keine Haftung. Die Zeitschrift und alle in ihr enthaltenen einzelnen Beiträge sind urheberrechtlich geschützt. Jede Verwertung außerhalb der engen Grenzen des Urheberrechtsgesetzes ist ohne Zustimmung des Verlages unzulässig. Das gilt insbesondere für Vervielfältigung, Übersetzungen, Mikroverfilmungen und die Einspeicherung und Verarbeitung in elektronischen Systemen.

Offenlegung: laut § 25 Mediengesetz:
Unternehmensgegenstand ist die Herausgabe des schulheft. Der Verein der Förderer der Schulhefte ist zu 100 % Eigentümer des schulheft.

Vorstandsmitglieder des Vereins der Förderer der Schulhefte:
Eveline Christof, Barbara Falkinger, Florian Jilek-Bergmaier, Elke Renner, Michael Rittberger, Michael Sertl.

Grundlegende Richtung: Kritische Auseinandersetzung mit bildungs- und gesellschaftspolitischen Themenstellungen.

INHALT

Wohin geht die Reise? 5

Keynotes

Michael Sertl
Wieso Schulautonomie? 11
Erinnerungen an den Beginn

Josef Reichmayr
26 Jahre, zwei Monate, 17 Tage: Die lange Reise zur Schulautonomie in Österreich 18
Gedankenanstöße zum Linzer Kongress 2019

Lorenz Lassnigg
„Bildungsgerechtigkeit" zwischen „Illusio" und sozialem Fortschritt – wissenschaftlich-politisch reflektiert 26

Hannes Schweiger
Teilhabe durch Sprache(n) 51
Einige Überlegungen zu sprachlicher Bildung in der Migrationsgesellschaft

Deutschförderklassen 61
Publikumsbeitrag aus der Podiumsdiskussion

Volker Schönwiese
Inklusion – wohin? 62

Gemeinsame Schule und Inklusion 73
Publikumsbeiträge aus der Podiumsdiskussion

Ateliers

Nicol Gruber
Bildungsgerechtigkeit zwischen Anpassung und Emanzipation 75

Leuchtturmschulen und Schulwahl 78
Publikumsbeiträge aus der Podiumsdiskussion

Josef Reichmayr
Passé 1: EINE Lehrerin für eine Volksschulklasse
Passé 2: Die alte Langform der AHS 79

COOL – Cooperatives Offenes Lernen 83

Gabi Lener
Großbaustelle Sprachförderung 86

Gabi Lener
„LehrerInnenbildung neu" – ein Feld offener Fragen 91

Volker Schönwiese
Open Space: Inklusives Lernen 96

Selma Schacht
Ganztägige Schule & Freizeitpädagogik:
Bildung im Mittelpunkt – aber welche? 100

Krasse Gegensätze – Halbtagsschule und Ganztagsschule 103
Publikumsbeiträge aus der Podiumsdiskussion

Barbara Falkinger, Ilse Rollett
Von Nahtstellen und Schnittstellen 106

Die Interessen der AHS-Lehrer*innengewerkschaft 110
Beitrag aus der Podiumsdiskussion

Franz Ryznar, Ursula Spannberger
Raumautonomie 111
Wer bestimmt über den 3. Pädagogen?

John Evers
Erwachsenenbildung unter Druck!? 115
Ein problemorientierter Diskussionsbeitrag

Wohin geht die Reise? 121
Podiumsdiskussion (15. Juni 2019, Linz)

Politik rahmt Schule – gelernt und gelebt wird vor Ort! 137
Forderungen der Plattform www.schaumonito.at – überparteiliches Netzwerk für kindergerechte Schulen

Autorinnen und Autoren 142

Wohin geht die Reise?

Bildungskongress der Plattform „schaumonito – Schulautonomie Monitoring. Überparteiliches Netzwerk für kindergerechte Schulen" im Juni 2019 an der Pädagogischen Hochschule Oberösterreich in Linz

Als 2017 die Plattform schaumonito gegründet wurde, blickten etliche der beteiligten Akteur*innen – Pädagog*innen, Eltern, Studierende, Wissenschafter*innen, Expert*innen aus schulnahen Vereinen und (Selbsthilfe)Organisationen – bereits auf Jahrzehnte schulpolitischen Engagements in unterschiedlichsten Arenen zurück. Die zentralen Themen der Schulentwicklung blieben dabei im Wesentlichen immer die Gleichen: Inklusion, Mehrsprachigkeit, Selektivität des Schulsystems, Erziehung und Unterricht als Unterstützung zur Selbstermächtigung. Durch die fortschreitende Neoliberalisierung der Gesellschaft spitzen sich die mit diesen Themenfeldern verbundenen Widersprüche jedoch in den letzten Jahren und Jahrzehnten zu, und es wird „ungemütlicher" in der österreichischen Bildungslandschaft. Die türkis-blaue Regierung tat schließlich (bis sie sich durch das Bekanntwerden unerhörter Skandale auflösen musste) das Ihre dazu und verschärfte bestehende Gegensätze und Chancenungerechtigkeiten im Bildungssystem durch die Wiedereinführung der Ziffernnoten ab den ersten Volksschulklassen, die Segregation in Deutschförderklassen, das Wiedereinschleichen der zweizügigen Mittelschulen und den Ausblick auf Testungen und „Leistungssegregation" vom Schuleintritt an bzw. bereits im Kindergarten.

Kann „Schulautonomie" diesen Entwicklungen adäquat begegnen? Wir sind uns auch innerhalb unserer Plattform nicht ganz einig – nicht zuletzt, da Autonomie durchaus zwei Seiten hat. Die eine ist die neoliberale, in der Autonomie zur Streitaxt der Privilegierten wird, die mit ihrer Hilfe Partialinteressen auf Kosten der Allgemeinheit durchsetzen. Es ist auch die Selbstverwaltung des Mangels, da Schulen in den letzten Jahren unter finanziellen, personellen oder räumlichen Engpässen zu leiden hatten. Die andere Seite ist jedoch die der Selbstermächtigung, und in einer – zumindest während der letzten Legislaturperiode – spürbar autoritärer werdenden Gesellschaft können selbstbestimmte Räume der Autonomie die letzten Bastionen der Nicht-Knechtschaft sein. Wie Bernhard Lahner, Lehrer in der Integrativen Lernwerkstatt Brigittenau (ILB) und gemeinsam mit Verena Corazza (ebenfalls ILB) maßgeblicher Organisator unseres Linzer Kongresses, den der vorliegende schulheft-Band dokumentiert, anschaulich macht: „In Österreich gibt es eine Institution, die ALLE Menschen durchlaufen. Das sind neun Jahre Schule. Neun Jahre, die über die Zukunft Einzelner entscheiden. Neun Jahre, in denen Kinder und Jugendliche lernen können, die Zukunft zu gestalten oder – wie die letzten Monate gezeigt haben – neun Jahre, um zu lernen, „gusch" zu sein, zu funktionieren, gehorsam zu sein, zu segregieren und über Notenwahrheiten zu schwadronieren. Ich will neun Jahre Zukunft, neun Jahre Perspektiven, neun Jahre Inklusion, neun Jahre Persönlichkeitsentwicklung und neun Jahre für eine solidarische Gesellschaft, die jede und jeden mit ihren/seinen Stärken und Schwächen akzeptiert, fördert und fordert. Ich will einen Raum, in dem niemand Angst haben muss, einen Raum der Teilhabe, einen Raum zum Kritischsein, einen Raum für ihre/seine Rechte aufzustehen, einen Raum, in dem jeder und jede bei Ungerechtigkeiten aufschreit und aktiv wird."

Mit diesen Leitgedanken versuchen wir, uns bildungspolitisch zu bewegen, Positionen zu erarbeiten und zu agieren. Der Linzer Kongress im Juni 2019 war ein maßgeblicher Schritt, unsere Positionen zu schärfen und mit anderen Bildungsbewegten in Austausch zu kommen.

Bei aller Vielfalt der in Linz bearbeiteten Themenbereiche zogen sich für uns erkennbar zwei zentrale rote Linien durch die gesamte Tagung:

1. Die chinesische Mauer zur Abwehr jeden Fortschritts im Bildungssystem ist die weiterhin bestehende Trennung der Schüler*innen nach der 4. Schulstufe. Diese Mauer zu durchbrechen wird gewitzter Strategien und gebündelter Kräfte bedürfen. Inklusive Settings, die Nutzung der Ressourcen von Mehrsprachigkeit, der Auf- und Ausbau echter Schuldemokratie und intelligente pädagogische Konzepte der Gestaltung des Unterrichts und der schulischen Freizeit sind unverzichtbare Brücken, die uns an dieses Ziel heranführen können.

2. Die Freiheit des/der Einzelnen wird zur Unfreiheit der Gesamtheit, wo es um die Verletzung von Chancengerechtigkeit geht. So entpuppt sich etwa die freie Elternwahl (AHS oder Mittelschule? Schule mit ganztägigem Angebot oder Halbtagsschule? Grätzlschule oder Privatschule?) als Freiheit nur für jene Eltern, die innerhalb des Bildungssystems über ausreichende Handlungsfähigkeit verfügen. Für Eltern mit – zumeist durch sozioökonomische Herkunft bedingte – geringeren Handlungsspielräumen ist die Freiheit der Wahl eingeschränkt, und so werden sie im selektiven Schulsystem zu Verlierer*innen. Freie Schulwahl durch die Eltern und soziale Gerechtigkeit im Schulsystem gehen sich also nebeneinander nicht aus.

Wer sich die in Linz bearbeiteten Themen vor Augen führt, entdeckt schnell die thematischen Lücken. Zwar war es nicht unser Anspruch, alle schulisch relevanten Themenbereiche bei einem einzigen Kongress abzuarbeiten, jedoch hätten wir eines der brisantesten Themen, das einer gendersensiblen und gendergerechten Pädagogik durchaus zu unseren Diskussionsfavoriten der ersten Stunde gezählt. Was der Realisierung eines Blocks zur Genderthematik beim Linzer Kongress im Wege stand, war schlicht die gleichzeitige Veranstaltung der Euro Pride, die die Kräfte der meisten uns nahestehenden Gender-Expert*innen auf sich bündelte. Wir werden das Thema nachholen. Ein großes Anliegen ist uns auch die Auseinandersetzung mit den Chancen und Problemen einer (Aus)Bildungspflicht bis zum Alter von 18 Jahren. Mithilfe der AK Wien sind wir daran, uns in diesem Bereich Expertise anzueignen und sinnvolle Positionen auszubilden. Im März 2020 wird unser nächster Bildungskongress, diesmal in Klagenfurt, stattfinden, und wir werden dort Gelegenheit haben, neue Themenbereiche zu bearbeiten und unser Wissen und unsere Einschätzungen weiter zu diskutieren und nachzuschärfen.

Im vorliegenden Band finden sich die **Keynotes** des Linzer Kongresses, ein kurzer Überblick über die thematischen **Ateliers** des Linzer Kongresses, Teile der **Podiumsdiskussion** und last but not least unsere **Forderungen** an die Bildungspolitik, um das österreichische Schulsystem nicht nur kindgerechter, sondern auch chancengerechter zu gestalten.

Michael Sertl versucht in einem historischen Aufriss, die Krux mit der Autonomie aufzuzeigen – ein Begriff, der in dieser Form von der Wirtschaft erdacht wurde und die Implementierung von marktwirtschaftlichen Elementen an die Schulen gebracht hat. Er spannt den Bogen von der Schulreformdiskussion über die Entstehung der alternativen und unabhängigen Lehrer*innenbewegungen und zeigt schließlich Beispiele, wo reformwillige Schulen ratlos zwischen marktwirtschaftlichen Zwängen und autonomen Nischen für eine demokratische Weiterentwicklung kämpfen. Auch stellt er die Frage, wie man mit bisher vernachlässigten Gruppen von Schüler*innen und der zunehmenden Spaltung und Polarisierung in der Gesellschaft umgeht.

Josef Reichmayr, ein unermüdlicher Kämpfer für mehr pädagogische Autonomie an Schulen, reflektiert die Entstehung der Reformbewegung und liefert eine kritische Auseinandersetzung mit dem Wording. Er sieht Schulautonomie zum einen als Etikettenschwindel und zum anderen doch als eine Chance auf Demokratisierung von Schule. Er greift die Widersprüche und die Spannungsfelder auf – er weiß, was bremst und was wachsen lässt – und gibt schließlich Auskunft über den Namen „schaumonito".

Der Beitrag von **Lorenz Lassnigg** setzt sich mit dem Begriff der Gerechtigkeit auseinander, den sich alle Parteien auf ihre Fahnen geheftet haben, wobei sie sehr Unterschiedliches darunter verstehen und mit ihren Rhetoriken mehr Verwirrung als Klarheit stiften. Es wird versucht, in diesem Gestrüpp von Bedeutungen Wege auszuloten, auf denen die Diskurse um Gerechtigkeit einer fortschrittlichen Bildungspolitik Impetus geben können, und es wird gezeigt, dass eine vertiefende Auseinandersetzung mit diesen Themen im Sinne der Allgemeinbildung wie der politischen Bildung unter den Aktivist*innen wie auch unter den Lehrpersonen im Allgemeinen nötig ist.

Hannes Schweiger betrachtet das Spannungsfeld zwischen monolingual geprägter Schule und mehrsprachiger Gesellschaft, reflektiert im Kontext von Mehrsprachigkeit verwendete Begriffe und Diskurse kritisch und misst die in Österreichs Schulen umgesetzte Sprachenpolitik, wie z. B. die Deutschförderklassen, am Maßstab des Abbaus von Diskriminierungen im Sinne einer Pädagogik der Mehrfachzugehörigkeiten und Mehrsprachigkeit.

Es gibt keine Alternative zur „humanen Integration": Mit dieser Botschaft von Zygmunt Baumann beschließt **Volker Schönwiese** nach einer Analyse der Vergangenheit von der Besonderung von Schüler*innen im Roten Wien, der Eugenik im 2. Weltkrieg, der Gründung von Sonderschulen und aktuellen Bestrebungen der Integration und Inklusion seine Keynote. Diese Entwicklung beschreibt Schönwiese nicht als linear, sondern als brüchig und ambivalent.

In den **Ateliers**, die am Samstag vormittags und nachmittags stattfanden, wurden sowohl die Themen der Keynotes aufgegriffen als auch weitere Bereiche bearbeitet, die im unmittelbaren Zusammenhang mit Autonomie bzw. im Widerspruch zum von der letzten Regierung beschlossenen Pädagogikpaket stehen, wie das kooperative Lernen, die Nahtstellen und Übergänge zwischen den Schulen, die Ressourcen für die Volksschulen oder auch die vernachlässigte Erwachsenenbildung. Nicht zu vergessen all die Handlungsfelder, wo denkende Eltern, Schüler*innen und Lehrer*innen schon lange Mitbestimmung fordern – wie bei Inklusion, Schularchitektur, ganztägiger Betreuung. Wohin geht die Reise, wenn wir die neue „gemeinsame" Lehrer*innenbildung sehen und keine gemeinsame Schule der Sechs- bis 15-Jährigen in Sicht ist?

Barbara Falkinger, Gabi Lener, Lorenz Lassnigg

(Anmerkung: In den Beiträgen werden unterschiedlich Gender-Schreibweisen verwendet. Die Redaktion hat dies den Autor*innen freigestellt.)

KEYNOTES

Michael Sertl

Wieso Schulautonomie?
Erinnerungen an den Beginn[1]

1.

Der Begriff Schulautonomie wurde in die Welt gesetzt, als sich konservative und später auch sozialdemokratische Regierungen in den 1980er Jahren daran machten, die staatlichen Verwaltungen nach dem Muster von (privatkapitalistischen) Wirtschaftsunternehmen zu organisieren: flache Hierarchien, Infragestellen der offensichtlich immer weniger funktionierenden Top-Down-Logik. Mehr Eigenverantwortung und Verantwortlichkeit „vor Ort". Schließlich kennt man dort die Probleme genauer als weiter oben. Diese neue Strategie wurde in Expertenkreisen „neue Steuerung" – oder neudeutsch „New Public Management" – genannt und hat im bildungspolitischen Feld schlussendlich den Namen „Educational Governance" bekommen. Mit dieser Governance wurde ein neues, eher ‚weiches' Steuerungsregime angesprochen, im Unterschied zum Government, das von einer klaren Top-Down-Logik ausgeht.

Wer sich allerdings auf diese neue Logik, also die größere Eigenverantwortlichkeit auf Schulstandortebene eingelassen hatte, musste mit entsprechenden Evaluationen rechnen. Und diese Evaluationen liefen entlang bestimmter Kriterien oder Benchmarks, die erst recht ganz oben beschlossen wurden. Überspitzt formuliert: Wer Schulautonomie sagt, hat konsequenterweise PISA mitgedacht. Mit PISA ist schließlich ein bis dato endloser Evaluationszyklus angestoßen worden, der Unmengen von Daten produziert. Gerade PISA ist ein Beispiel, wo nicht mehr klar ist, wer eigentlich der Auftraggeber ist, wer der Durchführende, wer der Nutznießer. OK, man weiß ungefähr: Die OECD ist der Auftraggeber; irgendwelche Firmen (ich

---

1 Vortrag am schaumonito-Kongress am 14.6.2019 in Linz

hab gehört, in Australien?) sind die Verfasser der Tests, nationale Agenturen führen die Tests durch, und dann gibt es die Rankings.

Mit dem Stichwort „Ranking", also Wettbewerb und Standortkonkurrenz, ist eine zentrale „Benchmark" angesprochen, die in die neue Steuerung eingebaut ist. Nix läuft mehr ohne Wettbewerb. Ich komme noch dazu.

2.

In Österreich hatte die Diskussion um die Schulautonomie von vornherein einen besonderen Spin. Ich kann mich sehr gut erinnern, wie Herbert Altrichter damals verwundert gefragt hat, was die Lehrer_innen in Österreich so an der Schulautonomie interessiere. Das sei doch bloß eine Steuerungstechnik?! In Österreich herrschte um 1990 „politische Windstille", so der Befund von Anton Pelinka. Alles war in großkoalitionären Pattstellungen verkrustet und eingeschlafen. Erst recht die Schulreform, die ja schon 1985 mit der Einführung der „Neuen Hauptschule" ihr unrühmliches Ende gefunden hatte. Es gab aber immer noch eine Schulreformbewegung, die sich zunehmend von der Sozialdemokratie selbständig gemacht und im Laufe der 1970er und 1980er Jahre als „alternative und unabhängige Lehrerbewegung" konstituiert hatte (vgl. Natter 1988a). Schulreform war also zunehmend zu einem Politikfeld geworden, in dem neue Kräfte außerhalb der traditionellen Parteien eine Rolle spielten. Ein Teil dieser Kräfte ist schließlich bei den Grünen gelandet.

Ein paar Daten zu dieser unabhängigen Lehrerbewegung: Den Beginn würde ich mit der Gründung der Schulhefte 1976 ansetzen, womit sich die von der Sozialdemokratie enttäuschten Kräfte ein Diskussionsforum geschaffen haben, um weiterhin für eine echte Gesamtschulreform zu kämpfen. Von 1979 bis 1986 fanden im Halbjahresrhythmus (!) die Treffen der Lehrer_innen statt. Diese waren in ganz unterschiedlichen Arbeitskreisen organisiert – ähnlich der schaumonito-Konferenz – und dienten unter anderem auch der Koordinierung von Gewerkschaftsaktivitäten (die ja in den Bundesländern und in den verschiedenen Schultypen auf ganz unterschiedlichen Voraussetzungen aufbauten), was schließlich erfolgreich zu UG-Mandaten führte. Die Treffen fanden reihum in verschiedenen Bundesländern statt. Ich kann mich an Wien, Graz, Salzburg, Linz und Vorarlberg erinnern. Der Kern der Treffen waren einzelne Personen, die da ihre ganze Kraft hineingelegt hatten. Das waren z. B. Heidi Pirchner und Erna Dittelbach in Wien, Peter Haibach in Salzburg, Sigi & Walther Binder und Susi Pirstinger in Graz. (Apropos Graz bzw. Steiermark: Ich kann mich an eine Nacht erinnern, die ich mit allen drei Wabl-Brüdern in einem Jugendherbergszimmer verbracht habe, und die drei haben die ganze Nacht durchdiskutiert. Andreas Wabl war dann auch in seiner Zeit als grüner Nationalratsabgeordneter immer ein verlässlicher Partner der Schulreformbewegung.)

Diese Lehrertreffen hatten ihren Endpunkt im November 1986 bei einer Enquete zum Thema „Bildungsbegriff/Bildungsziele" an der Universität Klagenfurt. Ich lese aus diesem „großen" Thema eine gewisse Ratlosigkeit und die Suche nach Orientierung heraus. Außerdem ist bemerkenswert, dass erstmals eine Universität als Mitveranstalter auftrat. Böse Zungen könnten behaupten, dass diese „Akademisierung" der Bewegung gleichzeitig ihr Ende war. Aber dann kam ja die Schulautonomie!

3.

In einer vom damaligen Unterrichtsministerium in Auftrag gegebenen Studie, die unter dem Titel „Kurze Geschichte der Autonomiediskussion in Österreich" (Sertl 1993) publiziert wurde, habe ich sechs „Diskursstränge" unterschieden, die in der Autonomiediskussion zusammengelaufen sind:
1. Markt- und Wettbewerbsorientierung
2. Demokratisierung, Mitbestimmung
3. Zurückdrängen des Parteieneinflusses
4. Bürokratiekritik; Entbürokratisierung
5. pädagogische Initiativen von unten
6. Regionalisierung, Föderalisierung

Ich bin damals eigentlich davon ausgegangen, dass sich das Thema Schulautonomie als ein Kampf um die Interpretation des Begriffs darstellen ließe: Demokratie vs. Wirtschaft. Diese Vereinfachung war aber nicht haltbar. Und eines habe ich recht rasch gelernt: Der soziale Ursprung des Begriffs liegt bei den Ökonomen. Und die meinen: Wenn wir den unteren administrativen Einheiten mehr Eigenverantwortung geben, dann deshalb, damit wir da mehr „Leistung", sprich „Wettbewerb", hineinbekommen. Und das sollte auf längere Sicht zur Entwicklung von kostengünstigeren Varianten führen. Die Ökonomen sprechen dann von Steigerung der Produktivität.

Auf den ersten Blick scheint das für die Schulen irrelevant. Schulen haben so was nicht, was die Ökonomen Produktivität nennen. Ein genauerer Blick muss das revidieren: Die Idee des Wettbewerbs hat sehr wohl eine entscheidende Rolle bei der Schulstandortentwicklung in Österreich gespielt, egal ob das jetzt Schul(profil)entwicklung oder Schulqualitätsmanagement heißt. Gerade der schon angesprochene Herbert Altrichter bzw. die Forschungsarbeit, die hier in Oberösterreich vorbildlich geleistet wurde und wird, lieferten eindrucksvolle Befunde, dass es ein wesentliches Element gibt, das allen untersuchten Schulstandortentwicklungen gemein ist, und das ist der „Wettbewerb um die guten Schüler". Schulprofilentwicklungen, die nicht diesem Ziel dienen, werden schlussendlich verworfen.

Auch die kürzlich stattgefundene Tagung an der AK Wien „(Schul)Turnaround!" (21.5.2019) lieferte aus meiner Sicht eindrucksvolle Beispiele dafür. Eine kurze Nebenbemerkung: Auf dieser Tagung wurde eine interessante Frage bezüglich PISA, Bildungsstandards (BiSt) usw. gestellt: Wem gehören eigentlich die Daten, die da generiert werden? Das Gerede um Datenschutz tut ja so, als müssten die Daten vor ihren eigentlichen Produzenten, den Schüler_innen und Lehrer_innen, geschützt werden. Oder werden tatsächlich die Testinstitute als Produzenten und „der Staat" als Auftraggeber gesehen? Die Berliner Reformmanagerin, die diese Frage angeschnitten hat, hat auf jeden Fall gemeint, dass die Daten den Schulstandorten zur alleinigen oder zumindest primären Verwendung zur Verfügung gestellt werden müssten. Es geht hier um die Frage der Interpretationshoheit. Auch das sollte man unter Schulautonomie verstehen: dass das, was mit den Daten gemacht wird, Sache der Schulen ist.

4.

Ich möchte noch ein paar Beispiele für die anderen Diskursstränge nennen, die sich damals vom Schlagwort „Schulautonomie" angesprochen fühlten. (Man könnte sagen: Dieses Schlagwort wirkte wie ein „Wunschcontainer", von dem sich fast alle eine Verbesserung der Situation erwarteten.)

- Demokratisierung! Das klingt heute fast lächerlich bzw. wie ein mythischer Gesang aus archaischen Zeiten. Damals gab es tatsächlich die Idee einer „gewählten Leitung auf Zeit" oder einer „kollektiven Schulleitung". Demokratie war damals konsequent basisdemokratisch gemeint (vgl. Natter 1988b).
- Pädagogische Initiativen von unten: Meiner Einschätzung nach waren sie eine gelungene Form von Pragmatik, eine Art Doppelcharakter, die viele dieser Initiativen erfolgreich gemacht hat. Mit Doppelcharakter meine ich: ein Fuß drinnen, ein Fuß draußen; einerseits Stachel im Fleisch, andererseits auch ohne diese Funktion politisch bedeutsam.
- Komitee für einen Deutschunterricht ohne Leistungsgruppen: Das war eine Initiative, die sich zum Ziel gesetzt hatte, die mit der Hauptschulreform 1985 verordneten Leistungsgruppen, zumindest für das Fach Deutsch, zu unterlaufen. Dazu ist zu sagen, dass derartige Versuche zur „Heterogenisierung" schon zu Zeiten der Integrierten Gesamtschule (IGS) als Schulversuche gelaufen waren. Die Forderung des Komitees war also, dass es für alle Standorte möglich sein sollte, derartige Schulversuche anzumelden, auch über die ominöse 5%-Grenze hinaus. Und tatsächlich haben die diversen Initiativen – gemeinsam mit dem Stadtschulrat für Wien, das muss seriöserweise entsprechend hervorgehoben werden – immer wieder erstaunliche Mittel und Wege gefunden, um dieses „Schulversuchsverbot" zu umgehen. Ich sehe hier auch eine markante Parallele zu den aktuellen Bemühungen, die gesetzlich verankerten Deutschförderklassen zu umgehen.

Noch ein kurzer Hinweis, wie wichtig eine (parteipolitisch) unabhängige und in Alternativen denkende Gewerkschaftsvertretung ist. Damals gab es das Phänomen der Lehrerarbeitslosigkeit. Es gab zahlreiche Lehramtsabsolvent_innen, die sich auf eine jahrelange Wartezeit einrichten mussten. Ein klassischer Fall für ein gewerkschaftliches Njet! Tut uns leid, liebe junge Kolleg_innen, wir vertreten nur die beschäftigten Lehrer_innen. Zugegeben, auch die damals sich erfolgreich konstituierende ÖLI-UG, die es aus den jahrelangen Lehrertreffen in die diversen Betriebs-, Landes- und Zentralausschüsse geschafft hatte, konnte keine zusätzlichen Arbeitsplätze für Lehrkräfte schaffen. Aber sie war ein verlässlicher Ansprechpartner und hielt das Thema auf der gewerkschaftlichen Agenda.

Damals hatten solche Initiativen oft den Namen „Komitee" gewählt (Komitee für X oder Y), und zwar deshalb, weil in einem Komitee – im Gegensatz zu einer Initiative – nicht die Betroffenen selbst initiativ wurden, sondern Außenstehende, die quasi stellvertretend für sie agierten. Das erste Komitee, an das ich mich erinnern kann, war das „Komitee gegen politische Unterdrückung am Arbeitsplatz". Das war die Reaktion auf die österreichische Variante dessen, was in Deutschland im Zusammenhang mit dem Berufsverbot entstanden war. In der BRD gab es damals als Reaktion auf den RAF-Terrorismus tatsächlich Berufsverbote für linke Lehrer_innen. In Österreich gab es das zwar nicht. Allerdings kam es zu Fällen von Entlassungen bzw. Schikanierungen von Lehrer_innen, die eine dem jeweiligen Bezirks- oder Landesschulrat nicht genehme Dienstauffassung an den Tag legten: Bekannte Fälle waren der „Fall Agnes Larcher" und der „Fall Peter Schmid". Agnes Larcher hatte es gewagt, im heiligen Land Tirol mit Schüler_innen ein Theaterstück von F. X. Kroetz zu lesen, in dem Sexualität eine Rolle spielte. Und Peter Schmid hatte die autoritären und kinderfeindlichen Methoden in einem oberösterreichischen Bezirk publik gemacht.

5.

Zum Schluss eine Warnung: Ich sehe sehr wohl die Gefahr, dass über Schulautonomie Entwicklungen zum Tragen kommen, die mit den Grundprinzipien einer demokratischen Weiterentwicklung des österreichischen Bildungssystems in Widerspruch geraten. Gerade das Moment des „Wettbewerbs um die guten Schüler", das sich oft genug „klammheimlich" einschleicht und den Betreiber_innen gar nicht bewusst wird, sehe ich im Widerspruch zu Schulentwicklungen, die die Interessen der negativ privilegierten Schüler_innen im Auge haben. Ich sehe da eine Gefahr, für die mir inzwischen das Etikett „pädagogische Gentrifizierung" eingefallen ist. Einige Beispiele für erfolgreiche Schulstandortentwicklung zeigen beim genaueren Hinschauen, dass es da, um es mit dem Pathos der Rechten zu sagen, zum „großen Austausch" gekommen ist. Plötzlich sitzen in der „Türken- und Jugoslawen-Schule" die „Blonden und Blauäugigen". Ich überzeichne hier bewusst! Ich meine, dass hier der (erfolgreiche) Versuch, der Etikettierung als „soziale Brennpunktschule" etwas entgegenzusetzen, dazu führt, dass die ursprüngliche Population Schritt für Schritt verdrängt wird. Über das Wohin wird in solchen Prozessen oft wenig nachgedacht.

Es geht also um die Kriterien, es geht darum, was als erfolgreiche Schulentwicklung gilt. Und ich glaube nicht, dass das Kriterium „bessere durchschnittliche Schulleistungen nach BiSt oder PISA" da schon genügt. Für eine demokratische Weiterentwicklung müssen genauere Überlegungen angestellt werden, wie man mit den bisher vernachlässigten Schülergruppen umgeht bzw. wie man überhaupt mit der zunehmenden Spaltung und Polarisierung in der Gesellschaft umgeht.

Literatur

Natter, B. (1988a): Die Entstehung einer alternativen Lehrerszene in Österreich. In: Khol/Ofner/Stirnemann (Hrsg.): Österreichisches Jahrbuch für Politik 1987. München: Oldenbourg, S. 551–562.

Natter, B. (1988b): Demokratisierung der Schulleitung. Entwicklungen, Probleme, Modelle. In: erziehung heute 1/1988, S. 11–17.

Sertl, M. (1993). Kurze Geschichte der Autonomiediskussion in Österreich. In P. Posch & H. Altrichter (Hrsg.), *Schulautonomie in Österreich*. Wien: BMUK, S. 88–124.

Weitere Hinweise:

Pirchner, H. (2004): Woher kommen wir, wohin gehen wir? Die österreichischen Lehrer_innen-Treffen und die Entstehung der ÖLI-UG. – In: Kreidekreis 16/2004. wiederabgedruckt in Schulheft 158/2015, S. 34–48. (online abrufbar unter www.schulheft.at)

Posch, P. & Altrichter, H. (1993): *Schulautonomie in Österreich*. Wien: BMUK.

Schulheft 64/1991: Schulautonomie; hrsg. v. A, Hajek, L. Kreissler, J. Reichmayr, E. Ribolits, M. Sertl. (online abrufbar unter www.schulheft.at)

erziehung heute 3/1993: Schulautonomie. Dokumentation zum Kongress der österreichischen Bildungsallianz; hrsg. v. R. Bachmann, S. Bews, W. Drasch, H. Pirchner, J. Reichmayr.

Hackl, B. (1998): Aufbruch aus der Krise? „Schulautonomie" in Österreich zwischen Reformbedarf, Demokratisierung und Marktrhetorik. In: DDS 90/1, S. 79–92.

Ein umfassendes Bild der aktuellen Governance des öst. Bildungssystems (nicht ganz aktuell: Die Bildungsdirektionen fehlen!) liefert der einschlägige Artikel im NBB 2015: Altrichter, Herbert; Bruckmann, Stefan; Gartmann, Gabriela Barbara; Lassnigg, Lorenz; Moosbrugger, Robert: Schulautonomie oder die Verteilung von Entscheidungsrechten und Verantwortung im Schulsystem (Bd. 2, Kap. 7).

Josef Reichmayr

26 Jahre, zwei Monate, 17 Tage: Die lange Reise zur Schulautonomie in Österreich
Gedankenanstöße zum Linzer Kongress 2019

Einleitung: 1993 bis 2017…

Mehr als ein Vierteljahrhundert hat es gedauert. Aber nicht bis zur Umsetzung einer ernstzunehmenden Schulautonomie in Österreich, sondern vom Kongress der Österreichischen Bildungsallianz im März 1993 („Schulautonomie – aber wie") bis zum Kongress des Vereins „Schulautonomie Monitoring Österreich" im Juni 2019. Die Fragestellungen damals (siehe Abb. 1) haben nichts an Aktualität und Dringlichkeit eingebüßt. Im Gegenteil: Die 1993 formulierte Leitidee ist im Lichte der in den letzten Jahren verstärkt ausgeprägten bürokratisch-technokratischen Straffung des Systems heute sogar noch viel brennender: „…daß [sic!] Schulautonomie nur gelingen kann, wenn von Schüler-, Lehrer- und Elternseite kommende Ideen und Erfahrungen berücksichtigt werden und die Vielzahl von bereits vorhandenen pädagogischen Initiativen und Modellen aufgegriffen, anerkannt und gefördert wird." (Einladungsfolder, KULTURELL Nr. 13/1993)

Der 2017 gegründete Verein „schaumonito" (Schulautonomie Monitoring Österreich – überparteiliches Netzwerk für kindergerechte Schulen) hat sich aus dem Widerstand gegen einen inakzeptablen ersten Entwurf einer Gesetzesnovelle zur Schulreform und die darin enthaltenen Fußfesseln hinsichtlich einer alternativen Leistungsbeurteilung in den ersten Volksschuljahren entwickelt. Dass die nachfolgende ÖVP-FPÖ-Regierung mit ihrer sehr vereinfachenden (man könnte auch sagen: primitiven, populistischen) Erzählung von der vorgeblichen Wunderwirkung der Ziffernnoten auf die Leistungen von der ersten Volksschulklasse an kaum auf Widerstände stieß, mag vielleicht auch daran liegen, dass in den vielen vorausgegangenen Jahren großkoalitionärer SPÖ-ÖVP-Schulpolitik nie eine umfassende Bildungsreform angegangen wurde (oder ange-

Abb. 1: Fragen zum Kongress der Bildungsallianz 1993

gangen werden konnte) – ernstzunehmende, radikale Schritte Richtung Schulautonomie inklusive.

Diese prekäre Situation haben wir auch im zeitlichen Vorspann zur Schulreformnovelle 2017 im Wiener Museumsquartier zu thematisieren versucht (siehe Abb. 2). Dass Schulautonomie nicht nur eine Frage von Strukturveränderungen und Machtverschiebungen ist, sondern auch in den Köpfen der Beteiligten Resonanz und Gestalt finden muss, darauf wies Rupert Vierlinger, dieses Jahr leider verstorbener vehementer Notengegner, auf dem Kongress 1993 hin: „Vielleicht sollte man sich der Frage nicht verschließen, ob denn die Autonomie von allen Lehrern gewünscht wird. Autonomie heißt ja auch, herausgefordert zu sein zu Initiativen! [...] Sicher gibt es einige [...], die sich wohler [...] fühlen in einem System, in dem man Dienst

Abb. 2: Veranstaltung zur Reform 2017

nach Vorschrift machen kann. Aber diesen stellt der Märtyrer der Pädagogik des 20. Jahrhunderts, Janusz Korczak, ein sehr übles Zeugnis aus, indem er sagt: ‚Je dürftiger das geistige Niveau, je verschwommener das sittliche Profil, je größer die Sorge um die eigene Ruhe und Bequemlichkeit sind, desto zahlreicher begegnen wir Weisungen und Geboten, die von angeblicher Sorge für das Wohl der Kinder diktiert sind. Ein Erzieher, der keine feindlichen Überraschungen, keine Verantwortung für das, was alles passieren kann, übernehmen will, ist für die Kinder ein Tyrann'." (aus: Schule im deutschsprachigen Mitteleuropa – ein Relikt aus vordemokratischer Zeit". In: erziehung heute 3/1993, S. 22)

Das pädagogische „Bio"-Zertifikationsproblem: Schulautonomie in aller Munde

War Schulautonomie in den 1990er Jahren noch ein Liebhaberthema, so ist es mittlerweile im Polit-Wording fest verankert – vergleichbar dem „BIO"-Labelling, das heutzutage durchaus verkaufsfördernd für alle möglichen Waren und Konsumgüter zum Einsatz kommt.

Auf die Spitze getrieben hat dieses Marketing die FPÖ auf die Frage nach dem Stellenwert der Forderung zur fixen Besetzung jeder größeren Volksschulklasse mit ZWEI Lehrkräften: Ohne auf die vorgegebene Prioritätensetzung in der Fragestellung (vordringliche schulpolitische Maßnahme – unterstützenswert – nicht so dringend – dagegen) eine klare Antwort zu geben, also der Frage ausweichend, schreibt das FPÖ-Bürgerservice in seiner Antwort: „[...] ist in der Schulautonomie zu regeln". Man ist geneigt, dem entgegenzuhalten, dass dann ja auch die einzelnen Polizeidienststellen ihr vorhandenes Personal „autonom" einsetzen könnten und es nicht der zentralen Ausschreibung und Anwerbung tausender neuer Dienstposten bedürfte (vgl. Antworten aller Parteien unter www.schaumonito.at; im September 2019).

Schulautonomie in Widerspruchs- und Spannungsfeldern, Bremsklötze und Solarpaneele

Es lassen sich mehrere Widerspruchs- und Spannungsfelder ausmachen, so zum Beispiel:
- Eine Verlagerung von Entscheidungsmöglichkeiten in Richtung einzelner Standorte oder Schulcluster schmälert die Handlungs- und Gestaltungsautonomie des/der einzelnen Pädagogen/Pädagogin und erfordert eine kollektive Selbstermächtigung vor Ort – gut gemanagt, aber nicht autoritär dirigiert von der/den jeweiligen Schulleitung/en.
- Die im Zuge der jüngsten Schulreformen verstärkten ministeriellen „autonomen Appetizer" (Relativierung der 50-Minuten-Einheiten, Gruppen- bzw. Klasseneinteilung, Neudefinition der Schulaufsicht, Lehrplanfreiräume) treffen auf ein von jahrzehntelangen Konventionen geprägtes System der Schablonisierung

und zentralistischen Fremdsteuerung, und spätestens beim Versuch der Umsetzung tun sich nahezu unüberwindbare bürokratisch-administrative Hürden auf: Statt die Dokumentations- und Legitimationspflichten für Personal, Diensteinteilung, Organisation, Schüler*innen aufs Allerwesentlichste – also radikal – zu reduzieren, wirkt das digitale Verwaltungskorsett wie ein immer atemberaubenderes organisiertes Verhinderungs- und Nervenverschleißprogramm für die Verantwortlichen am Standort.
- Homöopathische „Autonomiefensterchen" (wie etwa die seit 2019/20 nur noch für die 1. Schulstufe mögliche alternative Beurteilung) gehen Hand in Hand mit ungenierten zentralistischen Durchgriffen, wie etwa bei den Deutschförderklassen, ohne jedwede Spielräume und Flexibilität betreffend Größe, Dauer und Verknüpfung von Fördermaßnahmen mit dem gesamten Schulalltag.
- Flexibel mögliche Gruppeneinteilungen werden im Bereich der Mittelschule durch zentralistisch vorgegebene Zuordnungen der Schüler*innen in „Standard-Schüler*in" und „Standard-AHS-Schüler*in" konterkariert.
- Nach wie vor unterschiedliche dienstrechtliche Vorschriften lassen nur begrenzten Gestaltungsraum für aktiv definierte und realisierte pädagogische Teamarbeit, bedarfsorientierten flexiblen Diensteinsatz oder den selbstentschiedenen Wechsel zwischen Schulen zwecks besserer Übereinstimmung mit dem jeweiligen Profil, Schwerpunkt und Programm der Schulen.

Da Schulautonomie nicht ernsthaft realisierbar ist als punktuelles und temporäres, jederzeit politisch widerrufbares Behübschungspaket, das nur ja nichts an der grundsätzlichen Aufsplittung der Kinder in verschiedene Schularten (Sonderschule, Volksschule, Mittelschule, AHS-Unterstufe) ändern darf (die ebenso gerne wie irreführend und verharmlosend als „differenziertes Schulsystem" schöngeredet wird), lohnt sich die Besinnung auf die Fülle unterschiedlicher Bremsklötze, um allenfalls nachhaltige Aufbrüche und Ausbrüche aus dem Schulorganisationsgesetz von 1962 (das bei gravierenden Änderungen eine Zweidrittelmehrheit erfordert) zu wagen. Folgende Bremsklötze lassen sich festmachen:
- Schranken im Kopf
- jahrzehntealte, Generationen übergreifende Konventionen (No-

ten, Klassen, Fächer, Schulstunden, Sitzenbleiben, Sonderschule, höhere versus niedrigere (?) Schule, …)
- Lehrer*in als Einzelkämpfer*in, Angst/Scheu vor Teamarbeit, schulischer Identifikation, gemeinsamer Anstrengung
- überbordender Zentralismus und Steuerungsdichte
- verärgerte, administrativ überforderte, entmündigte Schulleiter*innen
- engmaschiges Dienstrecht
- starres Ressourcenzuteilungssystem mit der Tendenz zur Verknappung
- unterschiedlichste Stakeholder und Lobbies (Kommunen, Land, Bund, ausgelagerte Dienstgeber; Parteien, Fraktionen, Gewerkschaften, …)
- Angst vor Kontrollverlust (= Machteinbuße) der Bildungsbehörden auf Bundes- und Länderebene
- Versuchung zur politischen/ideologischen Instrumentalisierung

Diesen stehen einige Solarpaneele gegenüber, um Energie gegen die Bremsklötze zu produzieren:
- Schulen im Aufbruch
- Initiativen, Plattformen und Netzwerke von Pädagog*innen und Bildungsinteressierten
- inklusive Schulmodelle
- Zusammenschlüsse/Aufbegehren von Eltern
- jahrelang aufgebaute Kleinkulturen für die individuelle Begleitung der Kinder (inkl. nicht-abwertende Rückmeldeformen, sachbezogene Leistungsdokumentationen usw.)
- aufgeschlossene, sich selbst ermächtigende Schulleiter*innen
- Reformbekenntnisse von Interessensvertretungen (Industriellenvereinigung, Arbeiterkammer, …)
- Schüler*innen im Aufbruch (Klimaproteste)
- etc.

Professionelle externe Begleitung des Schulautonomieprozesses (Monitoring)

Bei einer von „Neustart Schule" organisierten Vorwahlveranstaltung mit den Bildungssprecher*innen der (mittlerweile im neu gewählten Nationalrat vertretenen) Parteien herrschte Übereinstimmung darüber, dass es eines grundsätzlichen, über die Parteigrenzen hinweg gehenden Nachdenkens über die Ziele von Schule und Bildung bedarf. Der Wunsch ist ja nett und auch höchst berechtigt, hinsichtlich meiner Phantasien über die Umsetzung bekomme ich allerdings sogleich eine Gänsehaut: Läuft so ein Nachdenkprozess analog zu Koalitionsverhandlungen ab, dann sitzen 20 Parteien-, Lehrerfraktions-, Gewerkschafts-, Kirchen-, Elternvertreter*innen – also primär hochrangige Berufsfunktionär*innen – beisammen, die jedwedes Zwischenergebnis mit ihren Herkunftsverbänden rückkoppeln müssen: Damit scheint mir der Prozess gestorben zu sein, bevor er eigentlich beginnt. Ich denke eher an eine professionell extern moderierte Intensivklausur mit den oben genannten Funktionär*innen, aber auch mit nicht parteipolitisch gebundenen Vertreter*innen der Betroffenen (Pädagog*innen, Schüler*innen, Eltern). Die Teilnehmer*innen einer solchen Klausur verpflichten sich, gemeinsam einen größtmöglichen Konsens zu finden und diesen mit vereinter Stimme nach außen und in der politischen Arena zu vertreten.

Ebenso extern und professionell begleitet werden müsste der gesamte Schulautonomieprozess. Eine diesbezügliche Vorwahlfrage seitens einiger überparteilicher Initiativen und Vereine (schaumonito, Bildung Grenzenlos, COOL, ÖLI-UG, Bundesverband Medienbildung, Nicht über die Köpfe, Janusz-Korczak-Gesellschaft, Freinet Gruppe u. a. m.) an die zum Nationalrat 2019 kandidierenden Parteien ergab interessante Antworten. Die Fragestellung war: „Unterstützt Ihre Partei eine breit angelegte, professionelle, externe Begleitung des Schulautonomieprozesses, um insbesondere die konkreten Umsetzungsprobleme aus der Sicht der Praktiker*innen (Schulleiter*innen, Pädagog*innen, Schüler*innen, Eltern) wahrzunehmen und bei weiteren politischen Maßnahmen berücksichtigen zu können?"

Da es direkte Antworten zur spezifischen Frage kaum gab, sollen die nachfolgenden Zitate aus den Antworten der Parteien jene Passagen wiedergeben, die am ehesten auf die Fragestellung – die eine von mehreren Grundfragen zur Schulautonomie bildete – eingehen. (Der gesamte Wortlaut ist unter www.schaumonito.at nachzulesen.)

- ÖVP: „Mehr Schulautonomie soll auch eine stärkere Einbindung

der Eltern und Schüler in schulische Entscheidungsabläufe ermöglichen. Eine ganz besondere Bedeutung soll dabei auch den Lehrerinnen und Lehrern zukommen".
- SPÖ: „Die Autonomie in den Bildungseinrichtungen ist die Basis erfolgreicher Pädagogik und muss durch eine klare äußere Struktur und entsprechende Zuständigkeiten abgesichert sein. Für uns ist daher auch klar, dass die Schulentwicklung durch die Schulaufsicht sowie extern begleitet wird."
- FPÖ: „Mehr Schulautonomie soll eine stärkere Einbindung der Eltern in schulische Entscheidungsabläufe ermöglichen."
- GRÜNE: „Ja, das (= externe Begleitung, Anm. des Autors) unterstützen wir, aber hier muss sowohl die praktische wie auch die theoretisch-konzeptionelle Seite berücksichtigt werden. Wesentlich dabei ist, dass es nicht zu Einzellösungen kommt, sondern eine gesamthafte konzeptive Entwicklung gegeben ist."
- NEOS: „Ja, unbedingt. NEOS stehen für Partizipation und Mitsprachemöglichkeiten der direkt Betroffenen bei politischen Entscheidungsprozessen."

Schulautonomie Monitoring Österreich sieht es als eine seiner Kernaufgaben an, den Prozess der Schulautonomie zu fördern und extern zu begleiten. Dafür braucht es allerdings finanzielle Mittel, die über den Erlös aus Mitgliedsbeiträgen hinausgehen. Das ist eine von mehreren Herausforderungen, denen wir uns stellen wollen und sollten.

Lorenz Lassnigg

„Bildungsgerechtigkeit" zwischen „Illusio" und sozialem Fortschritt – wissenschaftlich-politisch reflektiert

1. Hintergrund: „Falsche" und „richtige" Fragen?[1]

Eine der Grundbotschaften dieses Beitrags besteht darin, dass bei der Frage nach Gerechtigkeit auf der politischen Ebene (wie sonst oft auch) die großen Vereinfachungen („Gerechtigkeit muss sein!") vorherrschen, die jedoch die Auseinandersetzungen mit dem Thema/Begriff leicht in Sackgassen oder Missverständnisse leiten. Typische Fragen sind „Was ist Gerechtigkeit?" oder „Gibt es Gerechtigkeit?". In Alltagsdiskussionen ist man oft schneller bei der zweiten als bei der ersten Frage, und meistens ist in unseren (Glaubens)Regionen bei der Beantwortung auch das Jenseits nicht weit, und oft ist man mit Formulierungen konfrontiert, die dem Bestseller eines konservativen Vordenkers nahe kommen: „Gerechtigkeit siegt – aber nur im Film".[2]

Eine etwas vertiefende Diskussion scheint also nötig, wenn mit dieser Begrifflichkeit politisch sinnvoll operiert werden soll. In der Literatur kommt man rasch in ein unüberwindlich erscheinendes Gestrüpp von unterschiedlichen Verständnissen, Zusammenhängen, Diskursen etc., die sich immer weiter verästeln und verzweigen. Wenn der Begriff aber eine operative politische Bedeutung haben/bekommen soll, wäre ein gewisses gemeinsames Verständnis nötig. Ohne abschließende Lösungen zu beanspruchen, möchte dieser Beitrag bestimmte Wege in diesem Gestrüpp verfolgen und eventuell bestimmte Sackgassen anzeigen/vermeiden. Dabei ist die Frage 2, ob es Gerechtigkeit „gibt", offensichtlich nur zu beantworten, wenn die Frage 1 geklärt ist, was Gerechtigkeit „ist". In

---

1 Vgl. auch die Dokumentation des Vortrags http://schaumonito.at/2019/09/15/wohin-geht-die-reise-videodokumentation/ und die Folienpräsentation.
2 So der Titel des Buches von Rudolf Taschner. Zur Kritik siehe meine Rezension (Lassnigg [Rez.] 2018).

den Diskursen stellt sich jedoch heraus, dass diese Fragen falsch gestellt sind, denn erstens gibt es viele verschiedene Vorstellungen von Gerechtigkeit, die mit politischen Positionierungen verbunden sind – es stellt sich daher die Frage, wie diese im (pluralistischen) politischen Prozess auf eine handhabbare Plattform gebracht werden können; zweitens wird Gerechtigkeit sinnvoll nicht als „Substanz" gesehen, sondern als Maßstab oder Kriterium dafür, wie politische Grundwerte verwirklicht sind; es geht also um ein Maß, nicht um ja oder nein.

Der Gerechtigkeitsdiskurs hat in den letzten Jahrzehnten zum einen die Frage der Gleichheit problematisiert, zum anderen hat sich auch ein „neuer" Gerechtigkeitsdiskurs entwickelt, der die Frage Verteilung(sgerechtigkeit) vs. Anerkennung(sgerechtigkeit) teilweise gegeneinander ausspielt. Für das Bildungswesen und die Bildungspolitik sind diese Auseinandersetzungen von zentraler Bedeutung, und sie verkomplizieren sich noch einmal, indem sie mit dem wiederum sehr voraussetzungsreichen und komplexen Begriff der „Chancen" verknüpft werden, der mit Wahrscheinlichkeiten zu tun hat: „Chancengleichheit" vs. „Chancengerechtigkeit" sind zwei konkurrierende Leitbegriffe, die eine eigene diskursive Geschichte haben.

In den österreichischen politischen Ping-Pong-Debatten dienten sie lange Zeit als Knüppel, um den Gegner „schmähstad" zu machen. Sagte jemand Chancen*gleichheit,* so wurde der angeblichen „Gleichmacherei" mit der Chancen*gerechtigkeit* geantwortet, die auf unterschiedliche Bedingungen (mit diesen Bedingungen sind vor allem „Begabungen" gemeint) unterschiedlich reagieren soll. Dies war eine eher *defensive* Bedeutung des Begriffs: nicht zu viel Gleichheit. Heute hat sich die Chancengleichheit bereits eher als Minimalkonsens zumindest diskursiv durchgesetzt (es wird – im Unterschied zu Deutschland – kaum gegen den Begriff Chancengleichheit polemisiert, zumal meist in der Schwebe gelassen wird, was das real heißen soll), und die Chancengerechtigkeit wird in einer *offensiven* Bedeutung erforderlicher zusätzlicher Förderung benutzt, um Chancengleichheit herzustellen oder zu verbessern[3] – man könnte

---

3   D. h. im Extremfall die in den USA umkämpfte „affirmative action", also überproportionale Förderung von benachteiligten Personen oder Grup-

sagen, die Bedeutung der Unterscheidung zwischen den beiden Begrifflichkeiten hat sich um 180 Grad gedreht.[4]

2. Allgemeine Begrifflichkeiten/Diskurse und Wege im Gestrüpp

2.1. Politische Einbettung: de-konstruktiv – konstruktiv

In diesem Beitrag wird der österreichische Diskurs in die breitere internationale Debatte – im deutschsprachigen Raum und darüber hinaus (v. a. in den USA) – eingebettet. Das unterliegende Fragemotiv dabei ist, inwieweit ein besseres/vertieferes Verständnis der Diskurse um Bildungsgerechtigkeit zu einer fortschrittlichen Bildungspolitik beitragen kann. Dabei geht es um zwei unterschiedliche Dimensionen, erstens „beobachtend" (empirisch) darum, wie dieser Begriff machtpolitisch situiert ist (also welche Bedeutung er im Feld der „offiziellen" Machtpolitik des Parteienwettbewerbs und der Interessendurchsetzung hat, sowohl nach dem Inhalt als auch nach dem Gewicht), und zweitens „aktivistisch" (normativ) darum, wie dieser Begriff von den sich im politischen Feld einmischenden politischen Kräften – „der Basis" oder der Zivilgesellschaft (Bürger_innen, innovativen Initiativen oder Gruppen) – genutzt werden kann: d. h. kann die Auseinandersetzung um Bildungsgerechtigkeit eine aktivierende, mobilisierende, klärende, formierende Bedeutung haben?

Beides ist wichtig; in diesem Beitrag wird vor allem das Zweitere behandelt, das an der Schnittstelle zwischen der Zivilgesellschaft (politische Öffentlichkeit, Eltern, NGOs, Medien), der Praxis in den Schulen/Institutionen (Interaktionen, Lehrpersonen, Gremien, Vertretungen) und der Sachpolitik (Policy: Verwaltung, Expert_innen, Politikumsetzung) anzusiedeln ist. Dazu gibt es unterschiedliche konzeptionelle theoretische Zugänge, die grob

---

pen, z. B. durch den Chancenindex, vor allem wenn man dabei keine zusätzlichen Ressourcen zur Verfügung stellt, sondern Umverteilung fordert.

4 Vgl. auch das Positionspapier Chancen für alle: Chancengerechtigkeit und Chancengleichheit des Schweizerischen Lehrerverbands LCH. https://www.lch.ch/publikationen/positionspapiere/dokument/chancen-fuer-alle-chancengerechtigkeit-und-chancengleichheit/

als de-konstruktiv oder konstruktiv[5] bezeichnet werden können und sich auch in der Auseinandersetzung um Bildungsgerechtigkeit niederschlagen. Gegenüber den de-konstruktiven Zugängen der „Postmoderne", die die gesellschaftlichen Diskurse und die damit verbundene Wissensproduktion in Begriffen der Machtdispositive und unser aller Einbindung in die Gouvernementalität analysieren[6], werden hier auch Ansätze verwendet, die versuchen, neue Konzepte von sozialem Fortschritt zu entwickeln[7] und somit gewissermaßen eine neue „große Erzählung" zu kreieren (nachdem die alten alle als gescheitert oder auch als von vornherein zum Scheitern verurteilt erklärt wurden). Hier geht es auch um die im Titel angesprochene Beziehung von wissenschaftlicher und politischer Reflexion.

2.2. Gerechtigkeit – Bildungsgerechtigkeit

Eine wichtige begriffliche Frage bezieht sich bereits auf die begriffliche Zusammenfügung von „Bildungs-gerechtigkeit", die sich heute stark durchgesetzt hat (im schon genannten Dreieck mit Chancengleichheit und Chancengerechtigkeit). Damit wird implizit eine Grenzziehung vorgenommen, die den Gerechtigkeitsdiskurs von der allgemeinen Ebene der Auseinandersetzung um Gerechtigkeit in der (Welt)Gesellschaft auf das Bildungswesen (wie immer dieses

---

5 Vgl. die Arena Analyse 2019 (https://www.publicaffairs.cc/arenaanalyse2019) zum Stichwort „konstruktive Politik".
6 Vgl. dazu eine aktuelle diskursanalytische Aufarbeitung der Bildungsgerechtigkeit in Deutschland: „So ist es das Ziel der Forschungsarbeit, durch die Rekonstruktion der spezifischen Wissensordnung, die sich um die Kategorie Bildungsgerechtigkeit herum formiert, die Herausbildung hegemonialer Bedeutungsräume nachzuvollziehen, die das Wissen darüber produzieren, was als Bildung, Leistungsorientierung und angemessenes Schüler-, Lehrer- und Elternverhalten in der pädagogischen Praxis Wirkmächtigkeit erlangt." (Faller 2019, S. 3)
7 Vgl. IPSP-International Panel of Social Progress (https://www.ipsp.org), darunter v. a. das Kap. 2 Social Progress: A Compass von Henry S. Richardson, Erik Schokkaert et al. in der Publikation des Panels "Rethinking society for the 21st century" 2018, draft Kap. 2 https://www.ipsp.org/download/chapter-2-social-progress-compass#, und Report info https://www.cambridge.org/gb/academic/subjects/politics-international-relations/political-economy/rethinking-society-21st-century-report-international-panel-social-progress?format=WX&isbn=9781108399579

wiederum abgegrenzt wird: de facto geht es in den deutschen Diskursen eher um Schul- oder auch Hochschulgerechtigkeit) projiziert. Diese Grenzziehung enthält aber viele grundlegende Implikationen und konzeptionelle Vorentscheidungen, die stark in Frage gestellt werden können. Es wird suggeriert, dass es Sinn macht, um Gerechtigkeit im Bildungswesen – auch abgelöst von der Gerechtigkeit in der weiteren Gesellschaft – zu kämpfen. D. h. es werden oft gleichzeitig mit dieser Grenzziehung auch Annahmen und Voraussetzungen über die Beziehung zwischen der Gerechtigkeit im Bildungswesen und der Gerechtigkeit in der weiteren Gesellschaft getroffen, die nicht mehr weiter in Frage gestellt werden, aber stark hinterfragenswert sind.[8]

Teilweise werden durch diese Grenzziehung sogar entscheidende Fragen ausgeklammert, nämlich wie ein (un)gerechtes Bildungswesen zur (Un)Gerechtigkeit in der Gesellschaft beiträgt bzw. beitragen kann bzw. inwieweit sich im Bildungswesen die gesellschaftlichen Ungerechtigkeiten so wiederfinden, dass sie sich eben *in diesem Feld* gerade nicht lösen lassen – d. h. wenn man Ungerechtigkeiten im Bildungswesen bekämpfen will, muss man auf die gesellschaftlichen Ungerechtigkeiten zielen. Das ist ja auch schon die eigentliche performative Bedeutung des zentralen Begriffs der *Illusio* bei Pierre Bourdieu, die mit der „Illusion der Chancengleich-

---

8   Eine alte Frage seitens der eher „linken" Ökonom_innen (die gibt es auch) ist die nach dem Zusammenspiel von gesellschaftlicher Einkommensungleichheit und Bildungsungleichheit, vgl. bereits klassisch „Inequality" von Ch. Jencks 1972 (bezeichnenderweise ist das unter dem eigentlich irreführenden Titel „Chancengleichheit" zehn Jahre später 1983 auf Deutsch erschienen), in den 1980ern wurde diese Frage in einem internationalen Projekt vom heutigen Post-Demokratie-Theoretiker C. Crouch unter dem Titel „Are Skills the Answer?" untersucht, und in den USA wurde in den 2000ern der Begriff „Education Gospel" (Grubb/Lazerson 2004) geprägt; aktuell wird die Frage gestellt „Inequality of Opportunity: The New Motherhood and Apple Pie?" (Wagstaff/Kanbur 2015), und auch der Doyen der Ungleichheitsökonomie A. B. Atkinson schreibt in seinem politischen Vermächtnis der Bildungspolitik keine wesentliche Bedeutung im Kampf gegen die Ungleichheit zu, obwohl man sie beachten sollte (vgl. Lassnigg [Rez.] 2018). Speziell in Österreich besteht das „Paradox", dass ein strukturell (sehr) ungleiches Bildungswesen in eine vergleichsweise „gleiche" Gesellschaft eingebettet ist (Lassnigg 2015).

heit" eigentlich irreführend übersetzt wurde, da es nicht einfach um eine „Illusion" im Sinne der Nicht-Erreichbarkeit geht.[9]

Vielmehr ist die Illusio der Chancengleichheit das aktive Skript des Spiels, in dem sich die Teilnehmer_innen am Bildungswesen über die dahinterliegenden reproduktiven Vererbungsvorgänge täuschen (lassen), indem sie sich daran beteiligen. In der Analyse der (französischen) Eliteinstitutionen (La Noblesse d'Etat 1989, dt. Der Staatsadel 2004) vergleicht Bourdieu dann deren Titel direkt mit den alten askriptiven Adelstiteln, die jedoch gleichzeitig aufgrund der komplexen meritokratischen Auswahlvorgänge tatsächlich viel Aufwand von den Absolvent_innen verlangen: Genau darin liegt der legitimatorische Charakter, da dies die Reproduktion der sozialen Klassenstruktur nicht aufhebt, sondern nur – insbesondere für die Nicht-Auserwählten – legitimiert. Die Folgerung aus dieser Analyse besteht nicht in der Konstruktion von technokratischen (strukturellen) „Lösungen", um die „Illusio" Lügen zu strafen, sondern in der Aufdeckung der Mechanismen der Illusio für die Beteiligten in der täglichen Praxis der Interaktionen innerhalb der Bildungsinstitutionen. Die besonders in Österreich eingeprägte politische Gegenüberstellung von strukturellen Lösungen gegenüber anderen Praktiken auf der Mikroebene wird in dieser Sicht obsolet bzw. dreht sich sogar um, da sich die Illusio als Phänomen der kapitalistischen Klassengesellschaft in jeder Struktur durchsetzt – auch in der Gesamtschule. Wenn man sich die historische sozialdemokratische Politik der Einheitsschule in der Ersten Republik vergegenwärtigt, so ging es dabei sogar im Kern um die bessere Etablierung der Illusio durch die ganz klar meritokratisch orientierte Ab-

---

9 Im französischen Original gibt es als Grundlage mehrere Bücher: Les Héritiers (Die Erben, bereits 1964), Rapport pédagogique et communication (Pedagogical relation and communication 1965) und La Reproduction (1970); in der zweiten Auflage der englischen Übersetzung (Reproduction 1990) geht Pierre Bourdieu selbst auf die Missinterpretationen ein, die er als strukturalistische Vereinnahmung und vor allem als mechanistische Vereinfachung der „extremely sophisticated mechanisms by which the school system contributes to reproducing the structure of the distribution of cultural capital, and through it, the social structure (and this only to the extent to which this relational structure itself, as a system of positional differences and distances, depends on this distribution)" anspricht. (Bourdieu 1990, S. vii).

schaffung von offensichtlichen sozial bedingten *leistungsbezogenen* Exklusionen der Arbeiterkinder.

2.3. Gerechtigkeitstheorien und positionaler Wettbewerb

Ein zweiter allgemeiner Aspekt ist die Verankerung der bildungspolitischen Streit- und Forschungsfragen in Gerechtigkeitstheorie(n) und -diskursen, die zunächst philosophisch im Zusammenhang mit Ethik und Moral stehen, aber auch in der Ökonomie eine große Rolle spielen. Eine rezente sehr kompakte Darstellung für den deutschen Diskurs gibt Johannes Giesinger (2019), auch in Österreich gab/gibt es Ansätze in dieser Richtung (ÖFG 2015, Bruneforth 2015).[10] Eine Schwierigkeit mit dem Gerechtigkeitsdiskurs besteht hierzulande darin, dass dieser grundsätzlich stark in der liberalen Tradition verankert ist, die jedoch im deutschen Bildungsdiskurs nicht wirklich eine Rolle spielt.[11] Es geht dabei um das grundsätzli-

---

10 Im Rahmen der Österreichischen Forschungsgemeinschaft (ÖFG) fand 2015 ein Workshop „Bildungsgerechtigkeit: ein erfüllbarer Anspruch?" statt, dessen Beiträge online dokumentiert sind (https://www.oefg.at/oeffentlichkeit/publikationen/online/bildung-ausbildung/) und auf dessen Basis auch ein Positionspapier von den Beteiligten formuliert wurde (ÖFG 2015) https://www.oefg.at/wp-content/uploads/2014/01/Positionspapier_Bildungsgerechtigkeit_FINAL-2015.pdf; vgl. Bruneforth, Michael (2015): Befunde zur Bildungsgerechtigkeit aus Österreich. Online unter: https://www.researchgate.net/publication/284719775_Befunde_zur_Bildungsgerechtigkeit_aus_Osterreich, siehe auch im Nationalen Bildungsbericht 2012 das Kapitel 5 „Chancengleichheit und garantiertes Bildungsminimum in Österreich" von Michael Bruneforth, Christoph Weber & Johann Bacher: https://www.bifie.at/wp-content/uploads/2017/05/NBB2012_Band2_Kapitel05_20121217.pdf

11 … obwohl der Ahnvater W. v. Humboldt ein liberaler Politiker war (es ist nicht so bekannt, dass er als Gesandter in Wien Österreich in die Anti-Napoleon-Koalition zog und mit Hardenberg als Vertreter Preußens am Wiener Kongress fungierte), der einerseits ganz im Kurs des heutigen Neoliberalismus dem öffentlichen Bildungswesen wenig oder nichts abgewinnen konnte und der andererseits mit seinem Entwurf einer liberalen Verfassung für Deutschland am 31.12.1819 (also genau zu Silvester vor 200 Jahren) gescheitert ist. „Er wollte die Verfassung nicht nur, weil sie feierlich versprochen worden war, sondern um den Bürger in seinem zivilen Geiste zu bestärken. Daher hielt er es auch für notwendig, Grundrechte in die Verfassung einzubauen. Diese sollten das Eigentum garantieren und die Freiheit des Gewissens und der Presse gewährleisten. Sie würden

che Verständnis, was Gerechtigkeit bedeuten kann, sowie um philosophische Begründungen für Kriterien gerechter Lösungen.

Wesentliche Unterscheidungen betreffen am Ergebnis orientierte (konsequentialistische) Nutzen- vs. intrinsische vom Ergebnis unabhängige (deontologische) Pflichtethiken. Erstere umfassen vor allem den Utilitarismus und fokussieren auf Verteilungsgerechtigkeit, wobei sich die Auseinandersetzung einerseits auf Kriterien, und andererseits auf die Verteilung(sformen) selbst bezieht, mit Ungleichheit als einer wesentlichen Dimension. Zweitere beziehen sich auf die Begründung intrinsischer universalistischer Verpflichtungen (virtues), die mit Verteilungen nichts zu tun haben. In der Konfrontation mit dem Bildungsbegriff erkennt man schon an dieser Gegenüberstellung die Widersprüchlichkeiten: Grob gesagt, tendiert man bei Bildungsfragen gerne zur intrinsischen Seite (man will die Kinder/Jugendlichen dafür gewinnen, sich für die Inhalte und nicht „nur" für die Abschlüsse zu interessieren), andererseits wünscht man sich aber doch auch ein gerütteltes Maß an extrinsischer Verteilungsgerechtigkeit.

Im (neoliberalen) Diskurs haben sich unter dem Stichwort „Neue Gerechtigkeit" die Gewichte verschoben, die Verteilungsgerechtigkeit und vor allem die Ungleichheit werden zugunsten der Anerkennung(sgerechtigkeit) und der (Menschen)Würde angegriffen und delegitimiert, im deutschen Diskurs teilweise stärker als international. Im Positionspapier der ÖFG-Veranstaltung werden die Positionierungen entsprechend markiert: „Bildungsgerechtigkeit ist ein Thema, das derzeit international und national in Bildungsdiskussionen und politischen Programmen einen hohen Stellenwert einnimmt. Die Herstellung von mehr Bildungsgerechtigkeit gilt als unbestrittenes Desiderat, wobei unter Bildungsgerechtigkeit durchaus Unterschiedliches verstanden wird. Unbestritten ist dabei, dass

---

nicht nur dem einzelnen zugute kommen, sondern dem Staate selbst. Die Stände sollten nicht nur beratend, sondern beschließend an der Gesetzgebung teilnehmen. Das Recht der Steuerbewilligung, beziehungsweise der Steuerverweigerung, das 1862 eine so große Rolle spielen sollte, wollte H. den Ständen jedoch nicht zugestehen." (https://www.deutsche-biographie.de/sfz35962.html) Vgl. auch das Mammutwerk von G. Dresselhaus (2008) über „Deutsche Bildungstraditionen. Warum der Abschied vom gegliederten Schulsystem so weh tut".

‚Gleichheit' im Sinne gleicher Bildungsergebnisse nicht erzielt werden kann. Fraglos geht es aber im Kern des Diskurses um zwei zentrale Aspekte: Teilhabegerechtigkeit und Chancengleichheit." (ÖFG 2015)

Giesinger (2019) beschreibt eine diskursive Verschiebung in den Kriterien, von Verteilungsgerechtigkeit („Gleichheitskonzeptionen") zur „Idee angemessener oder ausreichender Bildung" (S. 98), die eine (Minimal)Schwelle erforderlicher Bildung darstellt, um gesellschaftliche Teilhabe zu ermöglichen (über dieser Schwelle ist die Verteilung dann keine Frage der Gerechtigkeit mehr – dies korrespondiert auch mit dem politischen Konzept der Minimalstandards, die zumindest garantiert werden sollen; Bildungsgerechtigkeit wird auch in fortschrittlichen Diskursen teilweise zur „Bildungsarmutsbekämpfung" (anstelle der Armutsbekämpfung?).

Ein zentraler Punkt, der von links und rechts angesprochen wird, ist der „positionale Wettbewerb", also die Frage, ob Bildungsergebnisse „Positionsgüter" in dem Sinne sind, dass deren Besitzer_innen direkt in einem Nullsummenspiel gegeneinander konkurrieren: Die zusätzlichen Möglichkeiten der/des Einen nehmen der/dem Anderen direkt etwas weg. Von links dient dieses Argument dazu, die übertriebene Bedeutung des Bildungswesens für gesellschaftliche Gerechtigkeit abzuschwächen und im öffentlichen Bildungswesen radikale Gleichheit einzufordern; von rechts können damit die Konflikte zwischen den „Bildungsnahen" und den „Bildungsfernen" hervorgehoben/angestachelt werden, um gleichzeitig die Unmöglichkeit der Verteilungsgerechtigkeit (Gleichheit) zu betonen und den Widerstand der Bildungsnahen gegen die „Massen" zu legitimieren, die „uns" die Plätze und die Aufmerksamkeit der Lehrpersonen wegnehmen, obwohl sie ja letztlich doch nicht so „geeignet" sind (Kernargumentation von Taschner, s. FN 2).

3. Ansätze/Zugänge zu mehr Gerechtigkeit im Bildungswesen

Die Frage nach Gerechtigkeit strebt also gewissermaßen von Ja-Nein-Antworten (ob es sie gibt?) zu graduellen Kalibrierungen (in welchem Ausmaß sie festzustellen ist?) und damit auch notwendigerweise zu so genauer konzeptioneller Fassung, dass man sie auch messen kann. Dies eröffnet wiederum Raum für viele Auseinandersetzungen und Möglichkeiten der Verwirrung. Das beginnt damit, wie man die Kriterien ansetzt, und endet bei der Frage, inwieweit für bestimmte Kriterien eine einwandfreie allgemeine Verbindlichkeit argumentiert werden kann (bzw. inwieweit eben diese Kriterien in den Bereich pluralistischer Vorlieben oder von „Geschmacksurteilen" fallen, was dann wiederum die Frage nach den Möglichkeiten und Folgen von Divergenzen bedingt – „de gustibus non est disputandum" ist der Wahlspruch der radikalen Marktökonomie …). Es erscheint aber auch intuitiv klar, dass Gerechtigkeit eine allgemeine Verbindlichkeit einschließt; die näheren Diskurse und Differenzierungen führen jedoch dazu, dass es viele verschiedene Ausprägungen gibt, und so ergibt sich letztlich die Frage, wie die allgemeine Verbindlichkeit hergestellt werden kann.[12]

Politisch gewendet heißt das aber, dass die Sache schwierig wird, da Differenzierung Sache der Politik nicht ist. Im Gegenteil, Differenzierung macht die Sache kompliziert und kann sehr leicht zur Verwirrung genützt werden – von der Politik werden jedoch klare Aussagen und Entscheidungen gefordert. (Wie oft haben wir vor der autoritären Wende gehört: Die Regierung soll doch endlich …)

Im Folgenden wird versucht, die verschiedenen politischen Ansätze herauszuarbeiten. Fünf Zugänge/Diskurse werden hier angesprochen: Der Ansatz im Panel zum sozialen Fortschritt (IPSP, Richardson, Schokkaert et al. 2018), die Gewichtung von Solidarität und Gerechtigkeit bei Heinz Bude (2019), dann – direkter bezogen auf die Bildungspolitik – die Frage von Inklusion und Gerechtigkeit (Seitz et al. 2012), dann ein Ansatz aus den USA, der für die Bildungspolitik(er_innen) eine zum IPSP analoge und parallel ausgearbeitete Taxonomie der Bereitstellung von Bildung vorstellt (Brighouse et al. 2016), und schließlich ein Ansatz aus der neuen Gerechtigkeitstheorie, der gegenüber der Verteilungsgerechtigkeit die Verantwortlichkeit der Eliten einfordert (E. Anderson 2007).

---

12 Das Spektrum von Zugängen wird beispielsweise im Vergleich der Publikationen von Taschner, Sandel und Atkinson illustriert, vgl. Lassnigg [Rez.] 2018.

3.1. Gerechtigkeit als Maßstab der Verwirklichung von Grundwerten (IPSP)

Im IPSP wird eine philosophisch begründete Taxonomie – genannt Kompass, was immer damit gemeint ist – vorgestellt, um politische Einheiten (Individuen, zivilgesellschaftliche Gruppen, Nationen, Generationen, Menschen und andere Tiere) im globalen Rahmen in Hinblick auf (längerfristigen) sozialen Fortschritt einzuordnen bzw. einen solchen auch voranzutreiben. Dabei wird zwischen kategorial unterscheidbaren (nicht aufeinander reduzierbaren) im Sinne des Fortschritts zu verfolgenden *Werten* einerseits und *Prinzipien* andererseits unterschieden, die einen Maßstab für die Umsetzung der Werte abgeben. Gerechtigkeit wird den Prinzipien zugeordnet, ist also kein zu verfolgender Wert, sondern eine Art Bewertungskonzept für die Verwirklichung der Werte des Fortschritts, auch Gleichheit ist kein Wert. Die jeweils näher umschriebenen Werte sind (1) Wohlergehen (wellbeing), (2) Freiheit, (3) Nicht-Entfremdung (nonalienation), (4) Solidarität, (5) Wertschätzung/Anerkennung, (6) kulturelle Güter (z. B. Religion), (7) Erhaltung der Umwelt, (8) Sicherheit.[13] Gerechtigkeit ist der Kern der Prinzipien, wobei erstens drei Bereiche unterschieden werden (reparative, criminal, social/distributive justice), die Menschenrechte (Ressourcen und Freiheiten für ein menschenwürdiges Leben) sind der stärkste Ausdruck von Gerechtigkeit. Zweitens werden die komplexen Ansätze von (sozialer) Verteilungsgerechtigkeit in fünf Gruppen skizziert,[14] *ohne sich auf ein Konzept festzulegen* – dies ist eine deliberative (öffentlich auszuhandelnde[15]) Aufgabe für die Akteur_innen des politischen Prozesses, wobei es um die Festlegung der Objekte (Freiheiten, Wohlfahrt, Ressourcen) sowie um die Fairness der Verteilung geht. Vor allem bei Letzterer unterscheiden sich die Konzepte, und es kommen bei der Vertei-

---

13 Eine nähere Diskussion dieser Werte ist hier nicht möglich, wäre aber wichtig.
14 Es würde für diesen Beitrag zu weit führen, in diese Kategorien einzusteigen, aber sie zeigen das Spektrum (1) libertarianism, (2) basic needs and decent minimum, (3) equality of opportunity, luck egalitarianism, equality of outcomes, (4) egalitarianism, prioritarianism, and maximin, (5) utilitarianism's distributive implications.
15 Vgl. den Wikipedia-Eintrag zu „Deliberative Demokratie"

lung der Ergebnisse die Grundrechte sowie Fragen der Effizienz und Maximierung ins Spiel – indirekt verweist dieser Zugang auf die Problematik der heute so stark ersehnten Entpolitisierung und „Technokratisierung" der Bildungspolitik, die gerade diesen deliberativen Prozess zu umgehen versucht.

3.2. Gerechtigkeit und Solidarität (H. Bude)

Heinz Bude (2019, v. a. S. 135–149) fokussiert auf das komplementäre Verhältnis von Gerechtigkeit und Solidarität (das eine ist ohne das jeweils andere nicht zu haben), wobei er „Gerechtigkeit" der „kalten" staatlichen Sphäre zuordnet und diese Begrifflichkeit (in einer sehr klaren Beschreibung) auf die Begründungen für egoistisch ihre Eigeninteressen verfolgende Personen in der liberalen Vertragstheorie fokussiert (Rawls etc.). Solidarität wird (mit Habermas) als ihr notwendiges („wärmendes") Pendant für die sozialisierten *Individuen* in der Zivilgesellschaft gesehen, als Substitutiv für die Barmherzigkeit, die in der jüdisch-christlichen Kultur die wärmende Ergänzung zur Gerechtigkeit darstellte (beneficence und generosity werden auch im IPSP als notwendiges ergänzendes Prinzip zur Gerechtigkeit betont, vor allem in Situationen plötzlicher dringender Nöte). Bude betont politisch die Solidarität, die alleinige Gerechtigkeit bringt Trittbrettfahrer_innen als Gegentypus zum solidarischen Menschen hervor. In der inhaltlichen Diskussion werden unter dem Begriff der Solidarität viele Aspekte angesprochen, um die es auch den „linken" Vertreter_innen der „neuen Gerechtigkeit" geht (z. B. Elizabeth Anderson); die konzeptuelle Grenze zwischen den beiden Begriffen Gerechtigkeit und Solidarität ist also nicht so klar.[16]

3.3. Inklusion und Pädagogik der Vielfalt (Seitz, Prengel)

Im Diskurs um die Inklusion (Seitz et al. 2012, v. a. Einführung) und die Pädagogik der Vielfalt (Prengel 2012) wird – ganz in Übereinstimmung mit dem IPSP-Gerechtigkeitsdiskurs – die Inklusion allgemein gefasst und diskursiv über die UN-Konventionen zu Kinderrechten und Behindertenrechten in der Allgemeinen Erklärung

---

16 Anderson, Elizabeth S. (1999): What Is the Point of Equality? Ethics 109 (2 January), S. 287–337.

über die Menschenrechte verankert. Behinderung wird als ein Aspekt der Vielfalt gesehen, und gegenüber den Verteilungsfragen tritt die Politik der Antidiskriminierung[17] in den Vordergrund.

Der Fokus verschiebt sich auf die Organisation und Durchführung des Unterrichts (also auf das, was in den Strukturen stattfindet), der nach individuellen Zielsetzungen in heterogenen Gruppen stattfinden soll, und damit dem Grundprinzip der Organisation des Bildungswesens in Form von leistungs- (und damit sozial) homogenen Gruppen diametral widerspricht. Die gemeinsame Pflichtschule wird damit eine selbstverständliche Voraussetzung, aber ihre Begründung ändert sich: Das Menschenrecht auf Bildung verbindet sich mit Diversität und Antidiskriminierung, es geht um die Verbindung von Gleichheit und Verschiedenheit (Differenz), ohne (strukturelle) Hierarchisierung und ohne (unnötigen) Angleichungszwang (IMST o. J). Die Leistungsgerechtigkeit wird auf die individuelle Förderung fokussiert, und das demokratische Zusammenleben-Lernen wird zur Begründung der gemeinsamen Schule, es geht um *andere* Formen der Leistungsgerechtigkeit, nicht hauptsächlich um bessere aggregierte Bedingungen der Leistungserbringung.

Prengel (2012) plädiert für eine Öffnung des Gerechtigkeitsdiskurses und akzeptiert das meritokratische Prinzip, dieses soll jedoch eingeschränkt werden, sodass Gleichheit mit Freiheit und Solidarität verbunden wird. Gerechtigkeitstheorien werden als (ideale) Modelle gesehen, die nur schrittweise und immer begrenzt im täglichen Kampf realisiert werden können. Als entscheidend für die Realisierung werden gute Praktiken der Pädagogik der Vielfalt hervorgehoben.

3.4. Ein Rahmen für Bildungswerte und deren politische Verwirklichung (Brighouse)

Der vierte politische Ansatz (Brighouse et al. 2016) beansprucht, einen philosophisch begründeten Rahmen für die deliberative politische Kommunikation über die Ziele/Werte des („westlichen") Bildungswesens – mit Fokus auf das Schulwesen – zu bieten, um Fort-

---

17 Antidiskriminierung wird als „negatives" Pendant zur „affirmative action" gesehen, die auf „positive Diskriminierung" ausgerichtet ist, aber auf Basis des Gleichheitsgrundsatzes durch Gegner ausgehebelt wurde.

schritte/Verbesserungen einschätzen zu können.[18] Sie definieren diese Ziele/Werte unter dem (etwas ungewohnten und auch ev. missverständlichen) Begriff der „educational goods" (Wissen, Fertigkeiten/Skills, Einstellungen/Haltungen, Dispositionen/Neigungen,[19] die zum menschlichen Gedeihen/Blühen beitragen (opportunities for human flourishing). Dabei geht es immer um das Gedeihen der lernenden/erzogenen Individuen *und anderer* (others) davon Betroffener, womit von vornherein eine kollektive gemeinschaftliche Dimension gegenüber dem Individualismus etabliert wird.[20] Sie diskutieren die damit verbundenen politischen Verteilungsprobleme und berücksichtigen dabei auch weitere betroffene Werte, die sich auf das Gedeihen auswirken, aber nicht direkt mit Bildung zu tun haben.[21]

Wesentliches Anliegen ist es, die Ziel- und Wertekonflikte der Bildungspolitik offen zu legen, dazu ist eben der Gesamtrahmen erforderlich: erstens, um die wichtigsten (potenziellen) Konflikte zwischen Zielen namhaft zu machen, und zweitens, um mögliche Effekte auf den gesamten Rahmen der Ziele abzuschätzen; es wird auch die Bedeutung der gesellschaftlichen Umgebung betont, der Fokus jedoch auf die Aspekte gelegt, die unter der Kontrolle der Bildungspolitik liegen.

Die Argumentation kann hier nur in Stichworten angesprochen werden (siehe Abb. 1), wichtig sind die Überlegungen zur Verteilungsgerechtigkeit. Drei Kriterien werden unterschieden:

---

18 Dieser Beitrag ist auch insofern interessant, als er einen Vergleich mit den bildungspolitischen Äußerungen und dem „Weitblick" der österreichischen und deutschen Philosophenkollegen in deren Bestsellern über Un-Bildung, Geisterstunden, Akademisierungswahn ermöglicht.

19 Mit den beiden letzteren Kategorien nehmen sie eine Differenzierung dessen vor, was im Diskurs oft als Tugenden (virtues) bezeichnet wird: Haltungen (Motivationen) und Neigungen (Umsetzung) können auch auseinander fallen.

20 Hier werden verschiedene theoretische Verweise präsentiert und eine Parallelität zum Ansatz von Martha Nussbaum festgestellt.

21 Die Autor_innen versuchen, auch ihre konsequentialistische Vorliebe für das Gedeihen mit anderen moralischen Überlegungen zu kombinieren, z. B. kann das Ziel der Autonomie auch moralisch begründet werden oder es können auch bei den weiteren Werten Konflikte auftreten, die das Gedeihen einschränken mögen, z. B. explizit beim Ziel des Respekts für demokratische Prozesse (ebd. S. 5).

Abb.1: Schema des Vorschlags von Brighouse et al. zur Aufbereitung politischer Entscheidungen
Quelle: Eigene Darstellung aufgrund von Brighouse et al. 2016

- Angemessenheit für bestimmte Zielsetzungen (adequacy), dabei unterscheiden sie als Zieldimensionen: den Lebensunterhalt verdienen, als demokratische_r Bürger_in fungieren, Beteiligung als Gleiche/r am sozialen und politischen Leben
- Gleichheit (equality) sehen sie als ergänzendes Kriterium, da die Angemessenheit keine Regel für die Verteilung impliziert, und sie betonen den Konflikt zwischen Gleichheit und dadurch bedingtes levelling down (das möglichst vermieden werden soll)
- Maximin (nach Rawls, maximum benefiting the least advantaged): Hier geht es um die Festlegung der Benachteiligten.

Letztlich geht es politisch um die pluralistische Abwägung unter Berücksichtigung von trade-offs. Als besonders umkämpften Bereich sehen sie die Gleichheit, wo sie – wie viele der bereits zitierten Autor_innen – eine graduelle Betrachtung empfehlen.[22] Dabei sind auch die weiteren Werte zu berücksichtigen, beispielsweise betonen sie, dass der Respekt für demokratische Institutionen/Entscheidungen gebietet, dass diese auch dann nicht beiseite geschoben werden sollen, wenn dies objektiv bessere Entscheidungen erbringen würde.

3.5. Gerechte Auswahl und verantwortliche Qualifikationen der gesellschaftlichen Elite (E. Anderson)

Elizabeth Anderson (2007), die aus philosophischer Perspektive mit der ökonomischen Rationalität im Gerechtigkeitsdiskurs, unter anderem auch mit der fortschrittlichen Konzeption der Capabilities von Amartya Sen hadert[23], stellt für die USA zwei politisch-diskursive Verschiebungen fest: von der Gleichheit zur Angemessenheit und von der intrinsischen zur instrumentellen Bedeutung von Bildung/Erziehung. Aus der Gleichheitsperspektive (egalitarians) werden diese Verschiebungen sehr kritisch gesehen: Wenn mit der instrumentellen Bedeutung von Bildung auch positionale Effekte einhergehen, dann muss aus dieser Perspektive umso mehr die Gleichheit (inklusive levelling down!) betont werden; und die Angemessenheit ist ungerecht, da differentielle bessere öffentliche Bildung den ohnehin Benachteiligten mit weniger öffentlicher Bildung zusätzliche Beeinträchtigung bringt.[24]

---

22 "This point is perhaps particularly relevant to discussions of equality, which is sometimes rejected on the simple ground that full or complete equality (of anything) is a very implausible goal. Equality need not be all or nothing: one could value a move toward a less unequal distribution of educational goods without endorsing strict equality." (ebd. S. 15)

23 Anderson, Elizabeth (2001): Symposium on Amartya Sen's philosophy: 2 Unstrapping the straitjacket of 'preference': A comment on Amartya Sen's contributions to philosophy and economics. Economics and Philosophy 17 (1): S. 21–38 http://www-personal.umich.edu/~eandersn/andersoncritsen.pdf.

24 Zu den Hintergründen dieser Diskussionen siehe Reich/Koski (https://www.law.berkeley.edu/files/reich-koski_paper.pdf); Brighouse Swift (http://www.mit.edu/~shaslang/mprg/BrighouseSwiftEPPG.pdf)

Sie macht eine bemerkenswerte Wendung, indem sie – ganz im Einklang mit dem Ansatz von Rawls – die Ausdifferenzierung einer „Elite" und der Institutionen ihrer Ausbildung zur Kenntnis nimmt und den Gerechtigkeitsdiskurs auf die Auswahl und Verantwortlichkeit dieser Elite sowie die dafür erforderlichen Qualifikationen verschiebt. Die Rekrutierung muss die gesellschaftliche Diversität abbilden und aus allen Schichten/Gruppen rekrutieren, die Verantwortlichkeit muss sich auf die gesamte Gesellschaft beziehen. Daher sind vier im Prinzip gleich wichtige Qualifikationen erforderlich: (1) Bewusstsein (awareness) über die Interessen aus allen Schichten/Gruppen/Bereichen, (2) Neigung (disposition), diesen Interessen zu dienen, (3) das nötige technische Wissen dazu, (4) Kompetenz zur respektvollen Interaktion mit den Menschen aus allen Bereichen (im vorherrschenden System ist davon nur die dritte sehr relevant und Kriterium für Exzellenz).[25]

Wenn diese Kriterien über Zugang, Verantwortlichkeit und Qualifikationen die Angemessenheit definieren, dann verliert der positionale Wettbewerb seine Relevanz; dann treten Diversität und Integration nicht in Konkurrenz mit meritokratischen Kriterien, sondern erweitern diese. Da allen, die das Potenzial und Interesse dazu haben, im Schulwesen die Voraussetzungen für den Zugang zur Elite geboten werden müssen, und da für die Qualifikationen der Verantwortlichkeit die gemeinsame Erziehung entscheidend ist, ist auch für die Elitebildung ausdrücklich eine gemeinsame Schule erforderlich („comprehensive group integration in all of a country's institutions, [...] integration of schools at all levels"), die auf „standards for fair educational opportunity" (S. 598, vgl. auch S. 597) aufgebaut ist; dies ist die Alternative zur „affirmative action", die der Bekämpfung von „group segregation" dient.

---

25 Sie nennt diese Anforderungen zusammen „systematic responsiveness to all". „An educational system suitable for a democratic society must cultivate all four qualifications in its elite and must select individuals for elite education with a view to how effectively an elite so composed will manifest these qualifications as a group." (ebd. 596)

4. Österreich: ein technokratischer Diskurs von Expert_innen untermauert durch empirische Befunde, ohne viel politische und praktische Resonanz

Der politische Mainstream-Diskurs in Österreich wird in einer Präsentation von Michael Bruneforth (2015) konzentriert zum Ausdruck gebracht (vgl. auch das Kapitel in NBB 2012). Der Fokus liegt auf der Leistungsgerechtigkeit; Un-Gerechtigkeit wird auf zwei Dimensionen angesprochen: (1) traditionell: Der Zugang zu Bildungsangeboten soll nur durch die Leistungsfähigkeit bestimmt sein, Einflüsse anderer Faktoren werden als ungerecht gesehen. (2) neu: „Illegitime" Faktoren, die die Leistungsergebnisse beeinflussen, sind möglichst abzubauen; dies wird aus allgemeinen Verfassungsbestimmungen zur Gleichbehandlung abgeleitet. Wenn man den Stand der Un-Gerechtigkeit feststellen will, ergibt sich aus dieser Konzeption die Aufgabe, Ungleichheiten in Zugängen und Ergebnissen nachzuweisen, die nicht auf Leistungspotenziale zurückgeführt werden können. Dies geschieht auch in vielfacher Hinsicht, vor allem indem bedeutende Einflüsse von sozialen Hintergrundfaktoren (Familienhintergrund, Elternbildung, Geschlecht, Migrationshintergrund …) auf Zugang und Leistungsergebnisse festgestellt werden. Seit der Präsentation von PISA 2000 hat sich die bildungspolitische Situation insofern geändert, als die Ungerechtigkeiten seitens der damaligen Ministerin schlicht geleugnet wurden,[26] während sie mittlerweile auch in offiziell anerkannten Dokumenten benannt und untersucht werden (dürfen).

Mit dem Regierungswechsel nach dem Ende von Schwarz-Blau 1 wurde vor allem seitens der SPÖ ein bildungspolitischer Neuanfang versucht, der eine Leistungsverbesserung (PISA) und mehr Gerechtigkeit über Individualisierung und positives Denken anstrebte. Vordergründig sollte mit einer ExpertInnen-Reform-Kommission 2007[27] ein umfassender Diskurs zur Verbesserung der Schulen gestartet werden. Diese Initiative wurde jedoch sehr rasch in einen le-

---

26 Vgl. dazu die ausführliche Diskussion von Gruber 2006, wenn auch viele Einschätzungen aus Sicht des Autors diskussionswürdig sind.
27 Der Standard 16.7.2007, https://www.derstandard.at/story/2907203/hohe-erwartungen-an-die-13-bildungsexperten

gitimatorischen Hebel zur Etablierung der NMS-Politik[28] umgewandelt – in der Einschätzung, dass über die Kombination des ehemaligen steirischen Landesschulratspräsidenten und erfahrenen Bildungspolitikers aus der ÖVP Bernd Schilcher mit der SPÖ-nahen Infineon-Vorständin Monika Kircher-Kohl, die im Rahmen der Industriellenvereinigung bildungspolitische Initiativen mitgetragen hatte, die ÖVP in der Sache der gemeinsamen Schule „zum Kippen" gebracht werden könnte (was in den westlichen Bundesländern teilweise auch gelungen ist). Insgesamt hat sich dies rückblickend aber als fundamentale Fehleinschätzung herausgestellt, die zur politischen Formierung der Gegenkräfte und bis heute zur Vertiefung der politischen Polarisierung in dieser Frage führte, die bis tief in die Praxis der Schulen hineinreicht. Mittlerweile haben sich bundesweit zwei diskursive Welten herausgebildet, die ihre je eigenen Wahrheiten und (digitalen) Wissensbasen aufgebaut haben (das Netzwerk aus Expert_innen rund um den nationalen Bildungsbericht und das BIFIE[29] einerseits und PROgymnasium und Internetseiten von Interessenvertretungen mit eigenen Wissensbasen andererseits). Die kurzlebige ÖVP-FPÖ-Regierung 2017 hat diese Polarisierung verstärkt, indem in einigen fundamentalen Fragen (Leistungsbeurteilung/Testungen, Integration/Inklusion, Differenzierung) eine frontale Kehrtwendung gegen die jahrelangen Reformbemühungen und -kräfte eingeleitet wurde.

Einen zentralen Angriffspunkt der konservativen Bewegung bildet dabei – mit Unterstützung der humanistischen Bildungsphilosophie – die Infrastruktur der evidenzbasierten Politik rund um das BIFIE und die Messung der Bildungsstandards, aus der heraus auch die vorhandenen Befunde zur Bildungs-un-gerechtigkeit produziert wurden. Ein konstruktiver Diskurs über Gerechtigkeit – wie er eigentlich notwendig wäre – ist in diesem polarisierten Umfeld nicht möglich. Dies verweist auf die neueren politikwissenschaftlichen Analysen der Polarisierung als eines Grundphänomens des zeitgenössischen Populismus (Annals 2019).

---

28 Neue Mittelschulen im Sinne einer gemeinsamen der Schule auf der Sekundarstufe I.
29 Bundesinstitut für Bildungsforschung, Innovation & Entwicklung des österreichischen Schulwesens

Ist eine Auseinandersetzung mit diesen komplexen Fragen der Gerechtigkeit deshalb unnötig oder vergeblich? Es wäre natürlich selbstzerstörerisch und sinnlos, einen derartig langen Beitrag zu dem Thema zu verfassen, wenn diese Frage mit Ja beantwortet würde. Folgende Gründe sprechen für eine vertiefte Auseinandersetzung: Erstens ist Gerechtigkeit nicht nur ein philosophisches und politisches Problem, sondern sie ist auch ein Anliegen bzw. Bedürfnis der Menschen (eindrücklich Prengel 2012 zur kulturhistorischen „Sehnsucht nach Gerechtigkeit"). Die verschiedenen politischen Kräfte werben auch durchwegs mit diesem Slogan; drei mehr oder weniger willkürlich herausgegriffene Beispiele: SPÖ „Volle Kraft für mehr Gerechtigkeit!"[30], ÖVP „Sebastian Kurz und die ‚neue Gerechtigkeit'"[31], FPÖ „Parteitag: FPÖ stellt ‚Gerechtigkeit' ins Zentrum"[32]; jüngst wird „soziale Gerechtigkeit" für die Sozialdemokratie als „Standbein" bezeichnet, zu dem sie noch zusätzliche „Spielbeine" benötigen würde. Soll man den Gehalt dieser Begrifflichkeiten „aufklären" oder sie als „ohnehin ideologisches Geklingel" abtun? Eine wichtige Frage liegt – gerade mit den gegenwärtigen Gefährdungen der Demokratie – darin, wie man an den Traditionen und Konzepten „demokratischer Erziehung" im Verhältnis zu „politischer Bildung" anknüpft (Lassnigg 2016), inwieweit man das Konzept der deliberativen Demokratie verfolgt oder die Hoffnung allein in eine ausgegliederte „neutrale" politische Bildung legt.

Auch hier scheinen durchaus Unterschiede in den Gewichtungen zwischen Österreich und Deutschland zu bestehen: Die österreichischen Materialien zur politischen Bildung enthalten nicht viel zur Gerechtigkeit, darunter Verweise auf die deutsche Plattform (http://www.bpb.de), auch wird in Referenzmaterialien zur Demokratie die deliberative Demokratie lediglich alibimäßig und abwertend erwähnt – hingegen setzt Deutschland mit seinen viel tiefergehenden Materialien einen deutlich höheren Standard. Klaus Goergen (2006) hat die Thematik bereits vor mehr als einem Jahrzehnt bis zur Ebene

---

30 https://www.spoe.at/2019/10/23/volle-kraft-fuer-mehr-gerechtigkeit/
31 https://www.diepresse.com/5274803/sebastian-kurz-und-die-neue-gerechtigkeit#kommentare
32 https://www.diepresse.com/1418663/parteitag-fpo-stellt-gerechtigkeit-ins-zentrum#kommentare

von Unterrichtsmaterialien aufbereitet.[33] Auch ist der deutsche philosophische Diskurs viel breiter und ernsthafter, wobei auch dieser seine Grenzen hat. So wird etwa im Beitrag von Giesinger (2019) zwar auf die besprochenen Quellen aus den USA verwiesen, diese werden aber inhaltlich und in den politischen Konsequenzen völlig verkürzt – und in diesem Sinne eigentlich falsch – rezipiert.

Wichtig wäre es, erstens das Thema von der Ebene des Diskurses unter Expert_innen auf die praktische Ebene zu bringen und die Frage der Gerechtigkeit im täglichen Handeln zu berücksichtigen – sowohl praktisch als auch diskursiv. Dazu wäre es erforderlich, die etablierte Trennung und Konfrontation von Struktur einerseits und Praxis/Pädagogik andererseits, von „äußeren" und „inneren" Organisationsfragen zu hinterfragen und den Zusammenhang und die Komplementarität zu betonen. Gerechtigkeit ist auf allen Ebenen betroffen, der Organisation, der Inhalte, der Lern- und Bewertungsprozesse. Die Strukturen spielen eine wichtige Rolle, aber die privilegierten Schichten setzen ihre Vorteile in allen Strukturen durch, und die nordische Erfahrung, vor allem in Schweden, zeigt, dass die Strukturreform die Durchsetzung von Ungleichheit in Form von sozial „unterschiedlichen Welten" nicht verhindern kann (Blossing et al. 2014, v. a. Kap. 10 über zwei Schulen in unterschiedlichen sozialen Kontexten in Schweden).

Zweitens muss ein Weg gefunden werden, der die Polarisierung adressiert und Brücken baut. Die Idee von 2007, nach dem schwarzblauen Abenteuer einen breiteren übergreifenden Diskurs zu etablieren, war richtig, aber die Umsetzung beruhte auf einer fundamentalen politischen Fehleinschätzung, dass die gemeinsame Schule in der ÖVP mehrheitsfähig wäre, und ist dann so stark in die alten politischen Geleise gekommen, dass sie zum Scheitern verurteilt war. Wahrscheinlich muss man zu dem Schluss kommen, dass die NMS-Reform den weiteren Reformprozess ebenso beeinträchtigt hat, wie die segregierte Schulstruktur gute Praxis behindert. Die Etablierung eines deliberativen Diskurses über Gerechtigkeit, der diesen Begriff und seine Un-Möglichkeiten nicht dem polarisierten

---

33 Vgl. auch die Stichwortsuche auf der Plattform der Bundeszentrale für politische Bildung (bpb): http://www.bpb.de/suche/?suchwort=gerechtigkeit&suchen=Submit+Query

politischen Kampf aussetzt, sondern der versucht, ein gemeinsames gut begründetes Verständnis dafür unter den verschiedenen Beteiligten zu finden, wäre ein vordringliches politisches Projekt. Es entbehrt nicht einer gewissen Ironie, dass dies „utopischer" erscheint als die Verwirklichung irgendwelcher konkreter Vorhaben, die ja ein derartiges Einverständnis voraussetzen würden.

Dabei wäre drittens zu berücksichtigen, dass Gerechtigkeit offensichtlich auch ein Grundthema der Allgemeinbildung betrifft, und die pädagogische Profession ja eigentlich eine Vorreiterrolle in der Allgemeinbildung einnehmen sollte und überdies eine wichtige Multiplikatorenfunktion in der Gesellschaft hat. Dies unterstreicht die gesellschaftspolitische Wichtigkeit einer ernsthaften Auseinandersetzung mit dieser Thematik in der Berufsgruppe. Dass es damit nicht allzu gut bestellt ist, haben die Untersuchungen zur Verwirklichung des Unterrichtsprinzips der politischen Bildung gezeigt, wo ein wichtiges Argument für das geringe Engagement unter den Lehrer_innen darin bestand, dass sie ja dafür nicht ausgebildet sind. Darin drückt sich aus, dass die politische Kultur im Schulwesen von den Idealen der deliberativen Demokratie, an der der klassische Diskurs über demokratische Erziehung anknüpft, sehr weit entfernt ist. Deliberative Demokratie meint viel von dem, was heute mit dem Begriff der Zivilgesellschaft angesprochen wird, die als Rettung aus der Postdemokratie gilt (Englund 2016): dass die Menschen die Gestaltung ihres Gemeinwesens in die Hand nehmen und dies nicht allein der repräsentativen Demokratie überlassen (die sich zunehmend in einen politischen Markt verwandelt, auf dem mittels Werbung kommuniziert wird), sondern diese durch ihr Engagement begründen und untermauern, vor allem im lokalen Rahmen. Dabei soll nicht die repräsentative Demokratie gegen partizipative Formen ausgespielt, sondern ein umfassender politischer Prozess entwickelt werden, in dem sich Partizipation und Repräsentation ergänzen. Dass es auch im lokalen Rahmen nicht so gut bestellt ist, zeigen die jüngsten Meldungen über die Überforderung und Qualifizierungsprobleme der Bürgermeister_innen, die offensichtlich selbst immer weniger in der Lage sind, die Dinge in die Hand zu nehmen.[34]

---

34 Der Standard 16.12.2019, https://www.derstandard.at/story/2000112355 238/buergermeister-sehen-sich-sehr-grosser-belastung-ausgesetzt; vgl. zu diesen Fragen der deliberativen Demokratie näher Lassnigg [Rez.]

Engagierte Lehrer_innen (Was sollten sie noch alles tun?) sind eben in besonderer Weise gefragt, sich an den Auseinandersetzungen um Gerechtigkeit zu beteiligen, um deren Definition es ein begriffliches Ringen in der politischen Arena gibt – für die Demokratie wird das auf jeden Fall gut sein. Politisch operativ wird dieses Engagement in zweifacher Hinsicht, erstens ist/wird de facto im politischen Prozess – mit mehr oder weniger Einverständnis zwischen den verschiedenen Parteien – ein bestimmtes Gerechtigkeitsverständnis oder -ideal verwirklicht; zweitens ist es für die Beteiligung im Ringen um diese Verwirklichung erforderlich, eine bestimmte begriffliche Klarheit zu haben, sowohl um die eigene Position gut verfechten zu können als auch um die konkurrierenden Positionen zu verstehen und sich im Gestrüpp weder zu fürchten noch zu verfangen/verirren.

In den Diskursen lassen sich auch unterschiedliche Tönungen erkennen, die die Auseinandersetzungen um Gerechtigkeit konstruktiv oder destruktiv wenden:

- *Konstruktiv* würde bedeuten, dass die politischen Auseinandersetzungen darauf ausgerichtet sind, zwischen den konkurrierenden Kräften/Parteien einen zu erzielenden (Minimal)Konsens herzustellen, der gleichzeitig Raum für die pluralistische Konkurrenz lässt, aber dennoch ein konsensual akzeptables Niveau von Gerechtigkeit anstrebt bzw. umsetzt; dazu ist es erforderlich, die Positionen zu klären und die Auseinandersetzungen „deliberativ", d. h. nach minimalen Regeln des rationalen Diskurses mit dem Ziel der Verständigung – und sei es nur über die Feststellung der unterschiedlichen Positionen – zu führen; diese konstruktive Version herrscht jedenfalls in den aktuellen Diskursen nicht vor – umso notwendiger müsste sie gestärkt werden.
- Die *destruktive* Variante besteht demgegenüber darin, das vorhandene Gestrüpp zu nutzen, um möglichst Verwirrung zu stiften, und letztlich das Prinzip der Gerechtigkeit zu de-legitimie-

---

(2016) und die Beiträge zu „Kapitalisierung, Deliberation und (Erwachsenen)-Bildung" unter https://erwachsenenbildung.at/magazin/17-32/03_lassnigg.pdf, und http://www.equi.at/material/oeff-fin.pdf (Langfassung) sowie die dort ausführlich angegebene Literatur.

ren, bloßzustellen, lächerlich zu machen, oder überhaupt zu zerstören – genau das geschieht mit dem Slogan „Gerechtigkeit siegt, aber nur im Film" (egal, was hinter dieser Überschrift herumpolemisiert und -sophistiziert wird, hängen bleibt der Slogan!).

Literatur

Anderson, Elizabeth (2007): Fair Opportunity in Education: A Democratic Equality Perspective. Ethics 117 (July), S. 595–622.
http://www.mit.edu/~shaslang/mprg/AndersonFOE.pdf

Annals (2019): Polarizing Polities: A Global Threat to Democracy. Special Issue, The ANNALS of the American Academy of Political and Social Science 681(1, January)
https://www.researchgate.net/publication/328538486_Toward_a_Theory_of_Pernicious_Polarization_and_How_It_Harms_Democracies_Comparative_Evidence_and_Possible_Remedies_Forthcoming_in_a_Special_Issue_of_the_Annals_of_the_American_Academy_of_Political_and

Blossing, Ulf/Imsen, Gunn / Moos, Lejf (Hg.) (2014): The Nordic Education Model. 'A School for All' Encounters Neo-Liberal Policy. Dordrecht: Springer DOI: 10.1007/978-94-007-7125-3

Bourdieu, Pierre (1990): Academic order and social order. Preface to the 1990 edition: In: ders. & Passeron, Jean-Claude: Reproduction in education, society and culture. London: Sage, S.vii-xiii.

Brighouse, Harry/Ladd, Helen F./Loeb, Susanna/Swift, Adam (2016): Educational goods and values: A framework for decision makers. Theory and Research in Education 14(1), S. 3–25.

Bruneforth, Michael (2015): Befunde zur Bildungsgerechtigkeit aus Österreich. Conference Paper (June)
https://www.researchgate.net/publication/284719775_Befunde_zur_Bildungsgerechtigkeit_aus_Osterreich

Bude, Heinz (2019): Solidarität. Die Zukunft einer großen Idee. München: Hanser.

Englund, Tomas (2016): On moral education through deliberative communication. Journal of Curriculum Studies, 48:1, S. 58–76, DOI: 10.1080/00220272.2015.1051119

Faller, Christiane (2019): Bildungsgerechtigkeit im Diskurs. Eine diskursanalytische Untersuchung einer erziehungswissenschaftlichen Kategorie. Wiesbaden: Springer VS.

Giesinger, Johannes (2019): Die Gerechtigkeitsperspektive in der Reform der Schule. Zur Debatte um das gegliederte Bildungssystem: In: Berkemeyer, Nils/Bos, Wilfried / Hermstein, Björn (Hg.): Schulreform. Zugänge, Gegenstände, Trends. Weinheim: Beltz, S. 92–102.

Gruber, Karl Heinz (2006): Eine bildungspolitische Bilanz. In: Talos, Emmerich (Hg.): Schwarz-Blau. Eine Bilanz des „Neu-Regierens". Wien: LIT, S. 264–279.
http://www.demokratiezentrum.org/fileadmin/media/pdf/gruber_bilanz.pdf

IMST (o. J.): Pädagogik der Vielfalt – Diversity Pädagogik – Inklusive Pädagogik – barrierefreier Zugang zur Bildung. Online-Handreichung.
https://www.imst.ac.at/app/webroot/files/GD-Handreichungen/handreichung_p%C3%A4dagogik_der_vielfalt_corrok.pdf

Lassnigg, Lorenz (2015): Das „österreichische Modell" der Bildungsungleichheit: Hohe soziale Reproduktion, starke Umverteilung, politische Polarisierung. IHS Sociological Series 109. https://irihs.ihs.ac.at/id/eprint/3817/1/rsl09.pdf

Lassnigg, Lorenz (2016): Faktenbasierte Anregungen für eine neue Kultur in der Bildungspolitik und Bildungsreform: Kooperation und Augenmaß. IHS Policy Brief 14. https://irihs.ihs.ac.at/id/eprint/4051/

Lassnigg, Lorenz [Rez.] (2016): Democratic education. Rezension zweier Bücher aus dem US-amerikanischen Raum. Magazin erwachsenenbildung.at, Ausgabe 28. https://erwachsenenbildung.at/magazin/16-28/15_lassnigg.pdf

Lassnigg, Lorenz [Rez.] (2018): Gerechtigkeit und Gleichheit – Schmied und Schmiedl oder wie führt man einen Diskurs? In: Magazin erwachsenenbildung.at. Online-Ausgabe 34. https://erwachsenenbildung.at/magazin/18-34/meb18-34.pdf

Österreichische Forschungsgemeinschaft (ÖFG) (2015): Bildungsgerechtigkeit fördern. Forschungsbefunde, Empfehlungen und Desiderata

Prengel, Annedore (2012): Kann Inklusive Pädagogik die Sehnsucht nach Gerechtigkeit erfüllen? Paradoxien eines demokratischen Bildungskonzepts. In: Seitz et al. 2012, S. 16–31.

Seitz, Simone/Finnern, Nina-Kathrin/Korff, Natascha/Scheidt, Katja (Hg.) (2012): Inklusiv gleich gerecht? Inklusion und Bildungsgerechtigkeit. Bad Heilbrunn: Klinkhardt.

Hannes Schweiger

Teilhabe durch Sprache(n)
Einige Überlegungen zu sprachlicher Bildung in der Migrationsgesellschaft[1]

1. Zur Ausgangslage: Sprachliche Vielfalt an österreichischen Schulen

Österreichs Schulen sind geprägt von hoher sprachlicher Heterogenität, wie sie für Migrationsgesellschaften kennzeichnend ist. Diese Feststellung ist im Grunde eine Banalität, kann aber dennoch nicht oft genug wiederholt werden, da das österreichische Schulsystem nach wie vor monolingual und von der Fokussierung auf die dominante Unterrichts- und Bildungssprache Deutsch geprägt ist – im Unterschied zu einer Gesellschaft, die hochgradig mehrsprachig ist. Der Integrationsbericht 2019 beziffert den Anteil der „SchülerInnen mit nichtdeutscher Umgangssprache" österreichweit und mit Blick auf alle Schularten mit 26 %, in Wien liegt der Anteil bei 52 %. Auffällig sind die großen Unterschiede zwischen den verschiedenen Schularten: Während der österreichweite Anteil in Volksschulen bei 31 % liegt, sind es an allgemein bildenden höheren Schulen 20 %. Noch weiter geht die Schere in Wien auf: Während an Volksschulen 59 % und an Neuen Mittelschulen 74 % der SchülerInnen als „SchülerInnen mit nichtdeutscher Umgangssprache" klassifiziert werden, sind es an den AHS 39 % (Expertenrat für Integration 2019, S. 33).

Zum einen lassen sich diese Zahlen anführen, um die Vielsprachigkeit der österreichischen Gesellschaft zu illustrieren. Zum anderen sind die verwendeten Kategorien in mehrfacher Weise problematisch: Durch die Formulierung „nichtdeutsche Umgangssprache" wird die Vorstellung reproduziert, dass der Normalfall die Verwendung des Deutschen ist und alle anderen Sprachpraxen Abweichun-

---

1 Der vorliegende Text beruht auf dem Vortrag des Verfassers am 15. Juni 2019 im Rahmen des schaumonito-Bildungskongresses „Wohin geht die Reise?" von 14. bis 16. Juni 2019 an der Pädagogischen Hochschule Oberösterreich in Linz.

gen von dieser Normalität des Monolingualen sind (vgl. Dirim/ Khakpour 2018, S. 213). Darüber hinaus stellt sich die Frage, was diese Zahlen über die tatsächliche Sprachpraxis von Menschen aussagen: Wie der Verband für Angewandte Linguistik – verbal in seiner Stellungnahme zum Integrationsbericht – festhielt (vgl. verbal 2019), wird die Kategorisierung „SchülerInnen mit nichtdeutscher Umgangssprache" der lebensweltlichen Mehrsprachigkeit von Kindern und Jugendlichen in Österreich nicht gerecht.

„Datenbasis bildet jeweils nur die erste Angabe beim Merkmal ‚im Alltag gebrauchte Sprache(n)' der SchülerInnen im Rahmen der Datenerhebung zur Schulstatistik gemäß Bildungsdokumentationsgesetz, unabhängig davon, ob bei der/den weiteren im Alltag gebrauchten Sprache(n) auch Deutsch angegeben wurde" (vgl. Expertenrat für Integration 2019, S. 34).

Damit wird weder das gesamte sprachliche Repertoire des/der Einzelnen erfasst noch lässt sich eine Aussage darüber ableiten, welche Bedeutung die im Alltag verwendeten Sprachen für die jeweilige Person haben. „Derlei einseitige bzw. eindimensionale Darstellungen werden der Komplexität und Lebensrealität mehrsprachiger Schüler*innen (und der übrigen Bevölkerung) in Österreich nicht gerecht." (verbal 2019, S. 7) Wir sollten daher bildungspolitische Überlegungen auf differenzierten Beschreibungen des sprachlichen Repertoires einzelner Kinder und Jugendlicher sowie der Dynamik gelebter Mehrsprachigkeit (vgl. Busch 2013), für die das kontextbedingte Wechseln von Sprachen kennzeichnend ist, aufbauen und nicht die Dichotomisierung zwischen Schüler*innen mit und jenen ohne „nichtdeutsche(r) Umgangssprache" befördern.

Der einseitigen Darstellung sprachlicher Vielfalt in der österreichischen Migrationsgesellschaft entspricht die Limitierung des Diskurses zu Sprachbildung und Sprachförderung auf Deutsch. Wenn von Sprachbildung die Rede ist, so wird im Kontext des österreichischen Bildungssystems nach wie vor in erster Linie der Erwerb der dominanten Mehrheitssprache Deutsch fokussiert.

„Der Erwerb von Deutschkompetenzen ist die Grundlage für Bildungserfolg; erworbene Deutschkompetenzen eröffnen Chancen für Bildungserfolg, ein Mangel an Deutschkompetenzen kann hingegen zur Legitimation von Benachteiligungen und Ausschlüssen führen. Für Bildungserfolg ausschlaggebend sind somit nicht nur

Wissen und Kompetenzen, sondern die Fähigkeit, diese im von der Dominanzgesellschaft vorgegebenen Medium zu erwerben und – in Prüfungssituationen – sichtbar machen zu können" (Döll/Kasberger 2019, S. 8).

Diese Fokussierung auf Deutsch trotz der vielfach konstatierten Vielsprachigkeit der Gesellschaft trägt nicht zum Abbau von Bildungsungerechtigkeit bei, sondern verstärkt diese sogar. Und sie steht einer Pädagogik der Mehrfachzugehörigkeiten im Wege, die aus migrationspädagogischer Perspektive (vgl. Mecheril et al. 2010) mit der Zielsetzung des Abbaus von Diskriminierungen im Bildungssystem geboten ist.

2. Machtvolle Sprache: Von der Notwendigkeit, Normen kritisch zu reflektieren

Die eingangs zitierte Kritik des Verbands für Angewandte Linguistik am Integrationsbericht 2019 und an der Verwendung des Begriffs Umgangssprache zur Herstellung bzw. Reproduktion von sprachbezogenen Differenzordnungen (vgl. dazu u. a. Dirim/Mecheril 2018) soll exemplarisch für eine grundlegende Haltung kritischer Reflexivität stehen. Es gehört zur pädagogischen Professionalität, die Verwendung von Begriffen in Hinblick auf ihre möglichen Effekte zu reflektieren. In ihrem Vortrag zur „Kritische[n] Reflexion von Begrifflichkeiten" am 6. April 2019 bei der Tagung „Interkulturalität und Mehrsprachigkeit in der schulischen Praxis: Kulturreflexives Lernen"[2] zitierte Barbara Schrammel-Leber Sätze wie die folgenden, die beispielsweise in Fortbildungen mit Lehrer*innen oder bei Diskussionsveranstaltungen fallen: „Ich habe nur ein österreichisches Kind in meiner Klasse." Oder: „Ich habe viele türkische Kinder in meiner Klasse". Oder: „Ich habe zwölf Nationalitäten in meiner Klasse." Wie sprechen wir über Heterogenität in der Schule? Wie adressieren wir Schüler*innen und wie gehen diese damit um? Was ist die Aussagekraft solcher Kategorisierungen und welche machtvollen Effekte haben sie?

---

2 Vgl. das Programm unter: https://bimm.at/veranstaltungen/18-ikm-seminar-kulturreflexives-lernen/ (30.12.2019)

Wie wenig aussagekräftig eine ebenfalls immer wieder anzutreffende Kategorie wie jene der „Schüler*innen mit Migrationshintergrund" ist, hat beispielsweise Barbara Herzog-Punzenberger in ihrem Policy Brief #03 zur „Vielfalt der sozialen Milieus" gezeigt. Wenn ein/e Schüler*in der Kategorie „mit Migrationshintergrund" zugeordnet wird, sagt dies noch nichts über die Kompetenz in der Bildungssprache Deutsch, über das vorhandene Sprachrepertoire oder über die Chancen auf Bildungserfolg aus. Aussagekräftiger ist die Zugehörigkeit zu einem bestimmten sozialen Milieu, das mit entsprechenden Ressourcen, Wertvorstellungen, Lebensstilen und Grundorientierungen einhergeht, die herkunftsgruppenübergreifend sind (vgl. Herzog-Punzenberger 2017/3). Immer wieder machen Studien deutlich, dass die soziale Herkunft und somit sozioökonomische Faktoren ausschlaggebender für den Bildungserfolg sind als etwa der Faktor Sprache und damit die Frage, ob jemand die Bildungs- und Unterrichtssprache Deutsch als Erst- oder als Zweitsprache erlernt (vgl. Dirim/Khakpour 2018, S. 203f). Barbara Herzog-Punzenberger (2017/6, S. 13) konstatiert, „dass sich der stark selektive Charakter des österreichischen Schulsystems nirgendwo so stark äußert wie bei den Kindern zugewanderter Familien, die eine schwache sozioökonomische Position einnehmen".

Die Kategorien „Schüler*in mit Migrationshintergrund" oder „Schüler*in mit einer anderen Erstsprache als Deutsch" sind somit nicht aussagekräftig, wenn wir uns der Frage widmen, wie wir in pädagogischen Kontexten zu mehr Bildungsgerechtigkeit (vgl. zu diesem Begriff Heinemann/Mecheril 2018, S. 253–259) und damit zu einem größeren Bildungserfolg aller Schüler*innen beitragen können. Wie erweitern oder verkleinern wir als Lehrer*innen die Handlungsspielräume von Schüler*innen durch unsere Zuschreibungen, die im Sprechen über sie und mit ihnen ebenso manifest werden wie in der Gestaltung des Unterrichts? Unabhängig von der Intention der jeweiligen Sprecher*innen der oben zitierten Sätze gilt es mit Blick auf die – auch migrationsbedingte – Heterogenität an österreichischen Schulen zu fragen, wie durch die Verwendung von Begriffen bestehende Ordnungen, die auf sprachliche, kulturelle, nationale oder andere Differenzsetzungen beruhen, stabilisiert und reproduziert werden. Dabei handelt es sich um machtvolle Ordnungen in einer von hierarchischen Verhältnissen geprägten Gesellschaft, die diskriminierende Effekte zeitigen. Begriffe und Kategorien wie die oben genannten bewirken Festschreibungen und Zuschreibungen, die als gewaltvoll bezeichnet werden können, wenn wir Gewalt im Sinne epistemischer, diskursiver oder symbolischer Gewalt verstehen (vgl. Heinemann/Khakpour 2019, 4–6). Sie (selbst)kritisch zu reflektieren und zu verändern, wenn wir sie als diskriminierend oder gewaltvoll erkennen, ist wesentlich für eine pädagogische Professionalität, die auf die Gestaltung einer differenzfreundlichen und diskriminierungskritischen Schule abzielt (vgl. Dirim/Mecheril et al. 2018), und sie ist auch im Sinne des Grundsatzerlasses „Interkulturelle Bildung", die als „Beitrag gegen Ausgrenzungsmechanismen" der „Haltung ‚Wir und die Anderen' (‚Othering') die Befähigung zum Umgang in und mit heterogenen Gruppen" gegenüberstellt und eine „kritische Reflexion des individuellen wie gruppenspezifischen Sprachgebrauchs" fordert (BMB 2017). Die Verantwortung dafür ist sowohl eine, die jede/r einzelne in pädagogischen Kontexten Tätige übernehmen kann, als auch eine strukturelle und institutionelle, beispielsweise mit Blick auf die Lehrer*innenbildung oder die administrative und organisatorische Gestaltung von Schule.

Zu berücksichtigen sind dabei Phänomene des Sprachkontakts ebenso wie des Sprachwandels, wie er auch durch Migration und ihre Folgen ausgelöst wird. Somit ist es Aufgabe der Forschung, der Lehrer*innenbildung und der Entwicklung didaktischer Konzepte, „Wege zu eruieren, migrationsbedingte Phänomene des Sprachwandels als wichtige Lerninstrumente und Identifikationssymbole von Schüler*innen in die schulische Lehr- und Lernarbeit ein[zu]beziehen" (Dirim/Khakpour 2018, S. 213). Selbstermächtigung (vgl. Widhalm 2019) kann dann dazu beitragen, eine Pädagogik der Mehrfachzugehörigkeiten, wie sie die Migrationspädagogik fordert (Mecheril et al. 2010, S. 189), umzusetzen. Darunter versteht man das Überschreiten sprachlicher und kultureller Zugehörigkeitsgrenzen, das der Vervielfältigung von Identitäten in der Migrationsgesellschaft gerecht wird und die Entweder-Oder-Logik überwindet, wie sie in der Unterscheidung in einheimische und zugewanderte Kinder, in ein Wir und ein Nicht-Wir, in Menschen mit und solche ohne Migrationshintergrund Ausdruck findet. Es geht darum, diese Entweder-Oder-Logik gerade auch im Sinne der Berücksichtigung sprachlicher Vielfalt zu überwinden.

Wie lassen sich vor dem Hintergrund der vielfach erhobenen Forderung nach einer diskriminierungskritisch gestalteten Schule der Mehrsprachigkeit und Mehrfachzugehörigkeit die derzeit in Umsetzung befindlichen Maßnahmen zur Deutschförderung an österreichischen Schulen einschätzen? Darauf kann im Detail nicht eingegangen werden, es sollen aber im Folgenden zumindest einige Aspekte der laufenden Debatte angesprochen werden, verbunden mit dem Hinweis auf die Notwendigkeit einer breiteren empirischen Basis für deren wissenschaftlich fundierte Diskussion.

3. Deutschförderklassen und gesellschaftliche Teilhabe

Mit dem Schuljahr 2018/19 wurden an den österreichischen Schulen Deutschförderklassen und Deutschförderkurse eingeführt, die alle bis dato in Umsetzung befindlichen Maßnahmen zur Deutschförderung (vor allem die seit dem Schuljahr 2006/7 eingerichteten Sprachförderkurse sowie die ab 2016/17 installierten Sprachstartgruppen) ersetzten (vgl. zur Einordnung in der Entwicklung der Sprach- bzw. Deutschfördermaßnahmen seit den 1990er Jahren Fleck 2019). Als Ziel dieses Deutschfördermodells wurden „das **frühzeitige und intensive Erlernen der Unterrichtssprache Deutsch** und damit der möglichst rasche Wechsel in den Klassenverband sowie die Teilnahme am Unterricht nach dem Lehrplan der betreffenden Schulart und Schulstufe" definiert (BMBWF 2019, S. 7; Hervorh. im Orig.). Erreicht werden soll dieses Ziel durch die Zuteilung von Schüler*innen mit einem außerordentlichen[3] Status zu Deutschförderklassen im Umfang von 15 Wochenstunden in der Volksschule bzw. 20 Wochenstunden in der Sekundarstufe I, sofern ihre Deutschkenntnisse als „ungenügend" eingestuft werden. Im Falle einer Einstufung als außerordentliche/r Schüler*in mit „mangelhaften" Deutschkenntnissen ist der Besuch eines Deutschförderkurses im Ausmaß von

---

3   Kinder und Jugendliche, deren „Aufnahme als ordentliche Schüler wegen mangelnder Kenntnis der Unterrichtssprache nicht zulässig ist", sind gemäß § 4 Abs. 2 SchUG als außerordentliche Schüler*innen aufzunehmen und für die Dauer des außerordentlichen Status „unter Berücksichtigung ihrer Sprachschwierigkeiten" (§ 18 Abs. 9 SchUG) zu beurteilen.

sechs Wochenstunden vorgesehen. Deutschförderklassen bzw. Deutschförderkurse können ein bis vier Semester lang besucht werden, der Übertritt erfolgt in der Regel mit Semesterbeginn. Die Zuweisung des Status „außerordentlich" und die Zuordnung zu einer Deutschförderklasse oder einem Deutschförderkurs erfolgt mittels MIKA-D, dem neu entwickelten „Messinstrument zur Kompetenzanalyse – Deutsch", das seit April 2019 verpflichtend zum Einsatz kommt. Ende August 2018 wurden die Lehrpläne für Deutschförderklassen und Deutschförderkurse veröffentlicht, die im Schuljahr 2018/19 fakultativ waren und ab 2019/20 obligatorisch sind (vgl. den zeitlichen Überblick in Müller i. Ersch.).

Die Einführung der Deutschförderklassen stieß auf vehemente Kritik von Seiten der Wissenschaft, zahlreicher Institutionen wie beispielsweise Fachverbänden und Interessensverbänden von Lehrer*innen und Eltern sowie vieler Schulleiter*innen. Eine Vielzahl an Stellungnahmen wurde veröffentlicht, die aus spracherwerbstheoretischer, sprachdidaktischer, pädagogischer oder organisatorischer Perspektive grundlegende Kritik an diesem Modell übten.[4] Trotz der zahlreichen Einwände wurde das Modell umgesetzt und stellt alle Beteiligten vor große Herausforderungen und Probleme, die bei mehreren Veranstaltungen[5] und in Aufsätzen und Abschlussarbeiten thematisiert und mit Blick auf bisherige Erkenntnisse und Erfahrungen zu Sprachförderung im Allgemeinen und Deutschförderung im Speziellen festgehalten wurden. Kritisiert wurden in erster Linie neben der Kurzfristigkeit der Einführung des neuen Modells und der Vernachlässigung der Expertise aus Forschung und Schulpraxis die fehlende Differenzierung zwischen Seiteneinsteiger*innen und in Österreich sozialisierten Schüler*innen, die massive Einschränkung der Schulautonomie und die fehlende

---

4 Vgl. Stellungnahme von Forschenden und Lehrenden des Bereichs Deutsch als Zweitsprache der Universitäten Graz, Innsbruck, Salzburg und Wien zum Bildungsprogramm 2017 bis 2022 der österreichischen Bundesregierung, https://www.univie.ac.at/germanistik/stellungnahme-bildungsprogramm-2017-2022-oesterreichische-bundesregierung/ sowie die Zusammenfassung der Stellungnahmen unter https://www2.sosmitmensch.at/kritische-stellungnahmen-zu-separierungsgesetz

5 Vgl. https://www.oedaf.at/site/home/aktuelles/article/617.html und https://wien.arbeiterkammer.at/deutschfoerderung (30.12.2019)

Berücksichtigung standortspezifischer Voraussetzungen, die gesamt gesehen zu großen Klassen und die hohe Heterogenität, der angesichts der Besetzung mit nur einer Lehrkraft und mit Blick auf die durchschnittliche Gruppengröße nicht gerecht zu werden ist. Obwohl internationale Forschungsergebnisse und Erfahrungen nahe legen, dass eine vorwiegend integrative Förderung der jeweiligen Bildungs- und Schulsprache mit gegebenenfalls ergänzenden, zeitlich möglichst begrenzten additiven Maßnahmen die besten Ergebnisse bringt, wurde ein vorwiegend additives Modell eingeführt, das segregierende Effekte erwarten lässt (vgl. Müller i. Ersch.; Lackner 2019; Kasberger/Peter 2019; Wildemann 2019). „Die Entscheidung für Deutschförderklassen in Österreich ist Ausdruck eines defizitorientierten und segregierenden Blicks auf mehrsprachige Schülerinnen und Schüler." (Wildemann 2019, S. 43) Der Komplexität sprachlicher Entwicklung von Kindern und Jugendlichen, zumal in ihrer Zweitsprache Deutsch, wird dieses Modell ebenso wenig gerecht wie der Forderung nach einer möglichst langfristigen und alle Schulstufen und die Elementarbildung übergreifenden durchgängigen sprachlichen Bildung für alle Schüler*innen unabhängig von ihrer Erstsprache.

4. Mehrsprachige Bildung für eine mehrsprachige Gesellschaft

Die Bedeutung einer stärkeren Berücksichtigung von Mehrsprachigkeit auf den unterschiedlichen Ebenen des Bildungssystems für die einzelnen Schüler*innen und die Gesellschaft insgesamt wird bereits seit langer Zeit und immer wieder hervorgehoben. „Wird Mehrsprachigkeit sowohl von den Eltern als auch von den Pädagog*innen in den unterschiedlichen Institutionen kompetent und durchgängig unterstützt, gefördert und im gesellschaftlichen Umfeld positiv bewertet, so handelt es sich um einen umfassenden kognitiven, sozialen und emotionalen Vorteil für das Kind und langfristig gesehen für die Gesellschaft." (Herzog-Punzenberger 2017/2, S. 15) Angesichts von Mehrsprachigkeit als weltweit und historisch betrachtetem Normalfall sowie mit Blick auf Erkenntnisse aus der Spracherwerbsforschung und der Sprachdidaktik erscheint es längst überfällig und in jedem Fall dringend geboten, unser österreichisches Schulsystem aus seiner monolingualen Beschränktheit zu befreien und im Sinne einer Pädagogik der Mehrfachzugehörigkeiten und der Mehrsprachigkeit zu gestalten. Im Mittelpunkt steht dabei die Frage:

„Wie kann schulpolitisch, schulorganisatorisch, curricular, im Handeln von Lehrer*innen, schulkulturell etc. ein Beitrag zur Erweiterung des Spektrums erwartbarer Lerndispositionen, erwartbarer Lernvoraussetzungen von Schüler*innen geleistet werden, ohne Zuschreibungen von Defiziten gegenüber ohnehin nicht selten negativ stereotypisierten Gruppen zu betreiben?" (Heinemann/Mecheril 2018, S. 265).

Dafür brauchen wir grundlegende strukturelle Veränderungen im Schulsystem, wie sie beispielsweise Barbara Herzog-Punzenberger (2017) in ihren Policy Briefs zum Thema „Migration und Mehrsprachigkeit – Wie fit sind wir für die Vielfalt?" vorschlägt. Sprachliche Bildung muss Aufgabe aller Lehrkräfte über alle Schulstufen hinweg sein und von der Elementarbildung bis zur tertiären Bildung gestaltet werden. Für die Umsetzung einer Pädagogik der Mehrfachzugehörigkeiten und Mehrsprachigkeit brauchen wir auch entsprechend ausgebildete Lehrkräfte. Dass dafür unter anderem eine Verbesserung der Curricula in der Lehramtsausbildung notwendig ist, macht eine Analyse der Primarstufencurricula deutlich, die Kolleg*innen mehrerer Pädagogischer Hochschulen in Österreich durchgeführt haben (vgl. Schrammel-Leber et al. 2019). Es ist noch viel zu tun, um sprachliche Bildung in Österreich so zu gestalten, dass sie die Möglichkeiten zu gesellschaftlicher Teilhabe erweitern hilft und damit einen wesentlichen Beitrag zu einer gerechteren Gesellschaft leistet.

Literaturverzeichnis

BMB – Bundesministerium für Bildung (2017): Interkulturelle Bildung – Grundsatzerlass 2017. Rundschreiben Nr. 29/2017, GZ: BMB 27.903/0024I/4/2017.
https://www.bmbwf.gv.at/Themen/schule/schulrecht/rs/1997-2017/201729.html (30.12.2019)

BMBWF – Bundesministerium für Bildung, Wissenschaft und Forschung (2019): Deutschförderklassen und Deutschförderkurse. Leitfaden für Schulleiterinnen und Schulleiter.

https://www.bmbwf.gv.at/Themen/schule/schulpraxis/ba/sprabi/dfk.html (30.12.2019)

Busch, Brigitta (2013): Mehrsprachigkeit. Stuttgart u. a.: UTB

Dirim, İnci/Khakpour, Natascha (2018): Migrationsgesellschaftliche Mehrsprachigkeit in der Schule. In: Dirim /Mecheril (Hg.), S. 201–227.

Dirim, İnci/Mecheril, Paul (Hg.) (2018): Heterogenität, Sprache(n), Bildung: Eine differenz- und diskriminierungstheoretische Einführung. Bad Heilbrunn: Verlag Julius Klinkhardt.

Döll, Marion/Kasberger, Gudrun (2019): Interdisziplinäre Perspektiven auf Sprachbildung in Österreich. Zielsprache Deutsch zwischen Pflicht und Chance. Editorial. In: ÖDaF-Mitteilungen Jg. 35, H. 1+2, S. 7–11.

Expertenrat für Integration (2019): Integrationsbericht. Integration in Österreich – Zahlen, Entwicklungen, Schwerpunkte.
https://www.bmeia.gv.at/fileadmin/user_upload/Zentrale/Integration/Integrationsbericht_2019/Integrationsbericht_2019.pdf (30.12.2019)

Fleck, Elfie (2019): Vom interkulturellen Lernen zu den Deutschförderklassen. In: ÖDaF-Mitteilungen Jg. 35, H. 1+2, S. 12–22.

Heinemann, Alisha M. B./Khakpour, Natascha (2019): Pädagogik sprechen. Die sprachliche Reproduktion gewaltvoller Ordnungen in der Migrationsgesellschaft. Berlin: Springer.

Heinemann, Alisha M. B./Mecheril, Paul (2018): (Schulische) Bildung, normative Referenzen und reflexive Professionalität. In: Dirim/Mecheril (Hg.), S. 247–270.

Herzog-Punzenberger, Barbara (2017): Migration und Mehrsprachigkeit. Wie fit sind wir für die Vielfalt?
https://www.arbeiterkammer.at/interessenvertretung/arbeitundsoziales/bildung/Migration_und_Mehrsprachigkeit.pdf (30.12.2019)

Kasberger, Gudrun/Peter, Klaus (2019): Sprachliche Förderung und Bildung in Deutschförderklassen aus der Perspektive von Lehrpersonen. Ergebnisse aus einer Pilotstudie. In: ÖDaF-Mitteilungen Jg. 35, H. 1+2, S. 123–141.

Lackner, Lisa Sarah (2019): (Un)überbrückbare Differenzen? Über theoretische Vorgaben und die praktische Umsetzung von Deutschförderklassen an Wiener Volks- und Mittelschulen. Masterarbeit. Universität Wien.

Mecheril, Paul/do Mar Castro Várela, María/Dirim, İnci/Kalpaka, Annita/Melter Claus (2010): Migrationspädagogik. Weinheim und Basel: Beltz.

Müller, Beatrice (i. Ersch.): Deutschförderklassen, Deutschförderkurse – Fördermaßnahmen in österreichischen Schulen für alle Kinder mit Migrationsgeschichte. In: ÖDaF-Mitteilungen 1/2020 (erscheint im Frühjahr 2020).

Schrammel-Leber, Barbara/Boeckmann, Klaus-Börge/Gilly, Dagmar/Gučanin-Nairz, Verena/Carré-Karlinger, Catherine/Lanzmaier-Ugri, Katharina/Theurl, Peter (2019): Sprachliche Bildung im Kontext von Migration und Mehrsprachigkeit in der Pädagog_innenbildung. In: ÖDaF-Mitteilungen Jg. 35, H. 1+2, S. 176–190.

verbal (2019): Stellungnahme des Verbands für Angewandte Linguistik Österreich zum Integrationsbericht 2019 des „Expertenrats für Integration". http://www.verbal.at/fileadmin/user_upload/Stellungnahmen/Verbal_Stellungnahme_Integrationsbericht_2019_final.pdf (30.12.2019)

Widhalm, Corinna (2019): Selbstermächtigender Unterricht im Kontext von DaF/Z. Wien: Praesens.

Wildemann, Anja (2019): Erst Deutsch – und dann…!? Eine Diskussion der Angemessenheit von strukturellen Sprachfördermaßnahmen am Beispiel der Deutschförderklassen. In: ÖDaF-Mitteilungen Jg. 35, H. 1+2, 33–47.

Deutschförderklassen
Publikumsbeitrag aus der Podiumsdiskussion

[…]: Die Einführung der Deutschklassen war keine pädagogische, sondern eine politische Entscheidung. Punkt. Das hat mit Pädagogik oder kindgerechter Entwicklung oder auch mit Sprachentwicklung „Null" zu tun. Die Regierungen der letzten 15 Jahre waren vor allem neoliberal geprägt und nicht in irgendeiner Weise in die eine oder andere reformpädagogische Richtung orientiert.

Volker Schönwiese

Inklusion – wohin?

Die Frage „Wohin geht die Reise?" verweist nicht nur auf Inhalte und Orte individueller, institutioneller und politischer Entwicklungen. Sie ist unabdingbar in Chronosysteme eingebettet; Zeit ist ein entscheidender Faktor jeder Entwicklung. Das meint: Nach vorne zu schauen ohne Geschichte, das geht nicht, Geschichte zu analysieren ist entscheidend für Orientierung in einer Zeit, in der Retropolitik dominiert. In diesem Sinn soll ein Rückblick mit Analyse verbunden werden, um uns unserer Handlungsräume zu vergewissern (vgl. insgesamt: Pfahl / Plangger/Schönwiese 2018).

Rückblick: Stationen der Bildungspolitik zwischen Inklusion und Besonderung

In der Zwischenkriegszeit, den 1920/30er Jahren, waren in Österreich ca. 6.000 behinderte Kinder ohne Schulbildung und ohne Grundversorgung (Arbeiterzeitung 20.8.1926, S. 5). Die christlichsoziale Bildungspolitik orientierte sich an Gymnasien; behinderte Kinder wurden vorwiegend den Familien (im Sinne von „Familiensubsidiarität") oder großen, meist kirchlichen Verwahranstalten überlassen. Die Sozialdemokraten kämpften für eine Gesamtschule; behinderte Kinder sollten davon getrennt in Sonderschulen als „Hilfsschüler erwerbs- und gesellschaftsfähig" gemacht werden (Otto Glöckel, nach Gstettner 1982). Eine erste Welle an Sonderschulgründungen (vor allem in Wien) ist zu verzeichnen. In der Zeit des Nationalsozialismus war die Leistungsfähigkeit für die „Volksgemeinschaft" das Selektionskriterium für die Frage Sonderschulbildung oder Vernichtung (Ermordung in „Kinderfachabteilungen" wie z. B. in Wien „Am Spiegelgrund"). Eines der großen Tabuthemen bis heute ist, wie die Sonderpädagog_innen und die Heilpädagogik in Österreich diese Selektion und tödliche Eugenik mitgetragen bis aktiv betrieben haben (vgl. z. B. Sheffer 2018). Nach dem zweiten Weltkrieg wurde in Österreich – ohne aus der Geschichte zu lernen – in einer neuerlichen Gründungswelle ein vielgliedriges

Sonderschulsystem errichtet. In der heftig geführten Debatte um Schulversuche zu additiven und integrierten Gesamtschulen standen die Möglichkeiten „sozialer Chancengleichheit" und die Verhinderung früher Selektion dem klassisch gegliederten System mit Gymnasien entgegen (vgl. Seidl 1972). Die Existenz der Sonderschulen blieb unbestritten.

Unter dem Eindruck internationaler Entwicklungen (vgl. Raith 1982), z. B. der Abschaffung der Sonderschulen und der großen psychiatrischen Anstalten in Italien – einem Produkt der Politik des „Historischen Kompromisses" zwischen Christdemokraten und Kommunisten in den 1970er Jahren –, entwickelten sich neue Ideen. Elterninitiativen erkämpften gemeinsam mit engagierten Lehrer_innen und Expert_innen ab den 1980er Jahren erste integrative Schulversuche. (Schulen in Oberwart/Burgenland 1984, Weissenbach/Tirol und Kalsdorf/Steiermark 1985 waren die Vorreiter.) Die Elterninitiativen setzten 1987 eine Arbeitsgruppe „Behinderte Kinder im Regelschulwesen" im Unterrichtsministerium durch, in der Vertreter_innen von Eltern, Behörden und begleitenden Expert_innen gleichgewichtig vertreten waren. Unterrichtsminister Rudolf Scholten (SPÖ) und Familienministerin Rauch-Kallat (ÖVP) setzten sich unter dem Eindruck dieser Entwicklung für schulische Integration ein. Unterrichtsminister Scholten forderte 1992 in einer Grundsatzerklärung die Abkehr von gesonderten Bildungseinrichtungen in Richtung einer Schule für alle Kinder. Schulentwicklung sollte nicht einem freien Spiel der Kräfte überlassen werden: „Die Situation erfordert, dass das Unterrichtsministerium die weitere Entwicklung nicht nur dem ‚freien Spiel der freien Kräfte' überlässt [...]. In Abkehr von der bisher verfolgten Zielsetzung, in gesonderten Bildungseinrichtungen die beste mögliche Schule für behinderte Kinder zu entwickeln, sieht das Unterrichtsministerium die Entwicklung der Schule zu einer Schule unter Einschluss aller Kinder als zentrale Notwendigkeit zur Wahrung des Wohles behinderter wie nichtbehinderter Kinder." (Scholten 1992)

Diese Zielsetzung wurde in der Folge in einer bildungspolitischen Gegenreaktion bald in Richtung eines Ergänzungsmodells, einer Verdoppelung der Systeme umgedeutet. Integration sollte genau diesem „Spiel der freien Kräfte" überantwortet werden, vor dem Scholten gewarnt hatte: der von Interessensgruppen gesteuerten

Eigendynamik des Schulsystems. Ministerin Gehrer formulierte 1996 dieses Prinzip in plakativen Formeln so: „Man sollte alle die Möglichkeiten nebeneinander sehen, und es gibt viele Lehrerinnen und Lehrer, die sich für die Kinder mit sonderpädagogischem Förderbedarf enorm engagieren, die sich in der Integration, die sich in der Sonderschule engagieren, und man sollte wirklich alle Möglichkeiten sehen und die auch gleichberechtigt nebeneinander bestehen lassen." (Gehrer 1996)

Sowohl Sonderschulklassen als auch integrative bzw. inklusive Klassen wurden gefördert. In einem regional extrem heterogenen Prozess kam es zu einer starken Ausweitung der Zuschreibung „Sonderpädagogischer Förderbedarf" – von 2,91 % aller Pflichtschüler_innen im Jahr 1994 auf 5,3 % im Schuljahr 2018/19 (Statistik Austria). Der Zuwachs an Schüler_innen mit sonderpädagogischem Förderbedarf ist bis heute vor allem dem Umstand geschuldet, dass armutsbetroffene Kinder und Kinder mit einem so genannten Migrationshintergrund als „lernbehindert" oder „sozial-emotional auffällig" diagnostiziert werden (vgl. Powell/Pfahl 2012). Inklusive Klassen entwickeln sich immer öfter zu unausgewogen zusammengesetzten „Brennpunktklassen" (George/Schwab 2019). Die Anzahl von Kindern in Sonderschulen in Relation zur Gesamtzahl der Schüler_innen verringerte sich bis zur Jahrtausendwende, erhöhte sich danach jedoch wieder. Der Nationale Bildungsbericht 2015 hält fest: „Die eigentlich erfreuliche Steigerung der Integrationsquote geht leider vor allem darauf zurück, dass heute in den allgemeinen Schulen mehr Kinder und Jugendliche einen SPF attestiert bekommen, sich die Anzahl der Sonderschüler_innen aber nur wenig verringert." (NBB 2015, S. 96)

Analyse: Die Logik von Dienstleistungssystemen

Das Bildungswesen im deutschsprachigen Raum kann durch die Gleichzeitigkeit von einer nach wie vor ständisch organisierten äußeren Bildungsstruktur und einer dominant meritokratischen inneren Bildungskonzeption charakterisiert werden. Jenseits von verschiedenen Versuchen direkter bildungspolitischer Gestaltung erfolgt die Steuerung darüber, dass das Bildungssystem einer für die Moderne typischen Eigendynamik überlassen wird. Modernisierung heißt, dass der öffentliche Bildungssektor ohne weitgehende Privatisierung einem quasi internen Mechanismus des Dienstleistungs-Markt-Modells unterworfen wird, das systemlogisch an der Ausweitung von Dienstleistungen und Monopolbildung orientiert ist. Das Bedürfnis nach Bildung wird in einen Mangel an Bildung umgedeutet. Die Zuschreibung *Sonderpädagogischer Förderbedarf* ist nur eine Zuspitzung der allgemeinen Sicht auf Kinder und Jugendliche, die davon ausgeht, dass diese auf vorgegebene Ziele hin gebildet werden müssen, dass sie – in der Tradition der Aufklärung – zivilisiert werden müssen. Dies arbeitet der Logik von Dienstleistungssystemen zu. Der amerikanische Sozialwissenschaftler John McKnight stellte schon 1979 fest, dass die professionellen Dienstleistungen Bedürfnis als Mangel definieren und dem Klienten drei Dinge suggerieren: „1. Du leidest unter Mängeln. 2. Du selbst bist das Problem. 3. Du hast ein ganzes Bündel von Problemen auf dich vereinigt. Aus der Perspektive der Interessen und Bedürfnisse der Dienstleistungssysteme lauten diese drei Mängel-Definitionen so: 1. Wir brauchen Mängel. 2. Die ökonomische Einheit, die wir brauchen, ist das Individuum. 3. Die produktive ökonomische Einheit, die wir brauchen, ist ein Individuum mit vielen Mängeln." (McKnight 1979, S. 48) Die Folgen der Umdeutung des primären Bedürfnisses nach Bildung in einen individuellen Mangel mittels der Konstruktion *Sonderpädagogischer Förderbedarf* wurde in den 1960er und 1970er Jahren als *self-fulfilling prophecy* beschrieben: „Aus ständig zugeschriebenen und damit erwarteten Eigenschaften werden schließlich tatsächliche [...] Stigmatisierte übernehmen infolge des Konformitätsdrucks Verhaltensweisen, die man bei ihnen vermutet. Entsprechend passt sich ihr Selbstbild mit der Zeit den Zuschreibungen sowie den Bedingungen ihrer sozialen Situation an. Häufig beginnt damit eine *Karriere*, in der sich bestimmte Verhaltensmuster des Stigmatisierten und Reaktionen seiner Umwelt gegenseitig bedingen." (Hohmeier 1975, im Internet)

Das sich selbst steuernde und an Selektion orientierte System Schule hat eine deutliche Tendenz, anstehende Reformen über die Ausweitung seiner Zuschreibungsmacht und Verdoppelung von Strukturen zu beantworten bzw. sich über die sozial und finanziell teuersten Systemvarianten zu stabilisieren (vgl. Plangger/Schönwiese 2013; Schönwiese 2015). Dies ist keine Fehlentwicklung, sondern typisch für Modernisierung und an Interessensgruppen orientierte korporatistische Politiken.

Die Ambivalenz der Entwicklung und die Chance auf nicht-reformistische Reform

Diese Entwicklung ist allerdings nicht als linear, sondern als brüchig und ambivalent zu verstehen: Schulische Inklusion ist dort, wo es unter den derzeitigen Bildungsverhältnissen gelingt, sie umzusetzen, im Sinne der beteiligten Kinder und Jugendlichen deutlich erfolgreicher als der aus bildungskonservativer Sicht beschädigte Ruf der integrativen Praxis nahe legen würde (vgl. die von Plangger/Schönwiese 2013 beschriebenen vier internationalen Studien zu den Effekten schulischer Integration/Inklusion). Dies gilt auch für die Inklusion von sehr schwer behinderten Kindern (vgl. Flieger/Müller 2016). Die ambivalenten Verhältnisse, Widersprüche und Krisen in den Bemühungen um Integration/Inklusion (vgl. Schönwiese 2008) müssen auch nach Prozessdynamiken befragt werden, die im Sinne von nicht-reformistischen Reformen (Fraser/Honneth 2003) Handlungsräume eröffnen. Der spanische Erziehungswissenschaftler Miguel Lopez-Melero (2000) argumentiert für eine Kultur der Vielfalt, in der pädagogische Institutionen zwar keinen Ausgleich zu ökonomischen und sozialen Ungleichheiten, aber als *kontrahegemonische Schule* Anerkennung der natürlichen Qualität der Verschiedenheit ermöglichen. Lopez-Melero hat sich in Málaga intensiv mit der Integration von Kindern mit Down-Syndrom beschäftigt. Daraus sind Unterstützungsformen entstanden, die es beispielsweise Persönlichkeiten wie Pablo Pineda, der derzeit wohl international bekanntesten Person mit Down-Syndrom (vgl. den Film „Yo, también" und Pineda 2014), ermöglichten, ein Universitätsstudium abzuschließen. Ewald Feyerer (2003) beschreibt die Grundlagen eines solchen schulischen Konzepts für den deutschsprachigen Raum: „Um eine Kultur der Vielfalt verankern zu können, bedarf es einer Schule der Vielfalt, eines Kindergartens der Vielfalt, Berufsorientierungs- und -ausbildungsstufen der Vielfalt etc., welche neben der Vermittlung kognitiven Wissens und praktischer Fertigkeiten die Erfahrung des Menschen in seiner Einmaligkeit und Eigenartigkeit und das individuelle und soziale Erfahren von Können und Nicht-Können, Stärken und Schwächen, Freud und Leid, Gleichheit und Verschiedenheit, Gemeinsamkeit und Trennung, Sich-Annähern und Sich-Abgrenzen ermöglicht." Diese Beschreibung sollte allerdings eine stärkere Akzentuierung auf die eigenmächtige und eigensinnige Aneignung der Welt durch Schüler_innen, z. B. im Sinne von Paolo Freire (1973) und Celestin Freinet (1979, Baillet 1999) erfahren, um Ansprüchen auf eine *kontrahegemonische Schule* und auf eine Auseinandersetzung mit sozialer Ungleichheit im Bildungswesen zu entsprechen. Solidarität unter Kindern und Jugendlichen und ihren Lehrkräften geht über Anerkennung hinaus. Konzepte der Anerkennung aller Kinder in ihrer „Einmaligkeit und Eigenartigkeit" sollten in ein an Lebenswelten orientiertes kritisch-rekonstruktives Lernen eingebunden werden. Soziale Ungleichheiten (die „Klassen"-Frage bzw. prekäre Lebensverhältnisse) sind nicht über Anerkennung zu bearbeiten, „Spaß am Widerstand" (Willis 1977/2013), Verweigerung im Lernen und herausforderndes Verhalten, verschiedene Formen des (selbstschädigenden) Rückzugs müssen auch als Produkt prekärer sozialer Verhältnisse verstanden werden. Um umfassende Inklusion zu verwirklichen, bedarf es eines Abbaus von vielfältigen Barrieren im Unterricht (vgl. Flieger 2020) und des Rückgriffs auf lang bekannte, aber zu wenig umgesetzte, grundlegend an Lebenswelten orientierten Didaktiken. Eine ausgebaute schul- und klasseninterne Begleitung, Beratung und Fortbildung müssten dabei dringend unterstützen[1].

Bereits Célestin Freinet formulierte: „Gehen Sie immer vom Interesse der Kinder und ihrem Leben in ihrer Umgebung aus." (Freinet nach Laun 1983, S. 54) Auch Wolfgang Klafki betrachtete Lehren und Lernen als „Aneignung von strukturellen, kategorialen Einsichten bzw. Erfahrungen [...] in unterschiedlichen Grundformen, auf verschiedenen Niveaus, die aufeinander aufbauen [...]". (Klafki 1996, S. 156 f.) Er bezeichnete damit den direkten handelnden Umgang mit Wirklichkeit (enaktiv), die Aneignung von Wirklichkeit über Medi-

---

1 Zu erinnern ist dabei an die Schulbegleitarbeit des „Zentrums für Verhaltenspädagogik" in den 1970er Jahren in Wien und die Arbeit des Pioniers der schulischen Inklusion in Wien, Karl Köppel (Köppel 1982) – vgl. den ORF-TV-Beitrag „Ohne Maulkorb" von ca. 1980 im Internet: https://youtu.be/EBYLaq8CdVs

en (ikonisch) und über abstrakte Begriffe (symbolisch): „Einer der gravierenden Mängel unseres üblichen Schulunterrichts [...] dürfte darin liegen [...], dass verstehendes/entdeckendes Lernen gerade auch auf der abstrakt-symbolischen Stufe geradezu verhindert wird, weil man zu früh und zu ausschließlich auf dieser Ebene ansetzt." (Klafki 1996, S. 159) Stöger (1997) wiederum fasst die Konzeption von Freire zusammen: „Die Einsicht in die vielfältigen Querverbindungen strukturellen Unrechts braucht eine ‚Dechiffrierung' von Phänomenen der Wirklichkeit (z. B. der Gemeinde, der Ernährungsgrundlagen für Kleinkinder, der Abhängigkeit vom Patron, usw.). Manche Wörter stellen einen ‚Code' neokolonialer Verhältnisse dar. Dem bewegenden Lernen steht eine völlig konträre Vorstellung entgegen – die das Wissen als Deponie zu gebrauchen. Solche Deponien entsprechen einem Konzept, das von Freire als ‚Bankiers-Methode' karikiert wurde." All diese Konzepte gehen über eine Verankerung einer anerkennenden Kultur der Vielfalt (Prengel 2015) hinaus, wenn sie in einem *rekonstruktiv-entdeckenden Lernen* (Klafki) real erlebte gesellschaftliche Verhältnissen und Widersprüche anhand der primären Interessen von Lernenden – „generative Themen" nennt das Freire (1973, 84 ff.) – aufgreifen. Sie sind der Kern emanzipatorischer Praxis durch Inklusion und keine ferne Utopie, sie sind trotz aller Widerstände in pädagogischer Graswurzelarbeit umsetzbar, wenn wir uns nicht durch Retropolitik entmutigen lassen.

Handlungsräume

Grundsätzlich besteht die Hoffnung, dass inklusive Bildungsrahmen oder *Spielräume* kommunikative Validierungsstrategien ermöglichen (Markowetz 2000), die es erlauben, unterschiedlichste Widersprüche auszuhalten, aufzuarbeiten und jenseits selektiver und affirmativer gesellschaftlicher Tendenzen durch Aneignung von Welt und individueller sowie kollektiver Handlungsfähigkeit zu befördern und zu wahren. Grundbedingung ist dabei, dass die politische Machtfrage im Bildungswesen gestellt wird und in einer Strategie der politischen Beteiligung und zivilgesellschaftlicher Einmischung das selektive Bildungssystem nicht seiner sich selbst stabilisierenden ständischen und meritokratischen Eigendynamik überlassen bleibt (Plangger/Schönwiese 2013). Dies erfordert unter anderem auch, dass demokratisch gesteuerte Überwachungsinstrumente implementiert und bildungspolitische Entwicklungen von der Zivilgesellschaft initiiert und kritisch begleitet werden – wir kennen genügend historische Beispiele dafür. Die aus Engagement, Hoffnung, aber auch Zorn gespeiste Begeisterung dafür, dass dies möglich ist, dürfen wir uns trotz wachsender gesellschaftlicher Spaltungen und Retropolitik nicht nehmen lassen. Dies gilt ganz allgemein. Zygmunt Baumann (1925 – 2017) schreibt in seinem posthum erschienenen Buch gegen die um sich greifende Retropolitik an und formuliert wie in einem Vermächtnis (2017, S. 202 f.): „Die vor uns liegende Aufgabe, die humane Integration auf der Ebene der gesamten Menschheit wird sich vermutlich als beispiellos anstrengend, beschwerlich und problematisch erweisen – hinsichtlich ihrer Konzeption wie ihrer Durchführung und Vollendung. Wir müssen uns auf eine lange Zeit einstellen, in der es mehr Fragen als Antworten und mehr Probleme als Lösungen gibt und in der wir im Schatten schwankender Chancen von Sieg und Niederlage agieren müssen… Es gilt die Aussage ‚es gibt keine Alternative' tatsächlich, und zwar ohne Einschränkungen."

Literatur

Baillet, Dietlinde (1999): Freinet – praktisch. Beispiele und Berichte aus Grundschule und Sekundarstufe. Weinheim: Beltz.

Baumann, Zygmunt (2017): Retrotopia. Berlin: Suhrkamp.

Feyerer, Ewald (2003): Pädagogik und Didaktik integrativer bzw. inklusiver Bildungsprozesse. Herausforderung an Lehre, Forschung und Bildungsinstitutionen. Im Internet unter: http://bidok.uibk.ac.at/library/beh1-03-feyerer-bildungsprozesse.html#id2854391 (18.08.2019)

Flieger, Petra (2012): Es läuft was falsch bei der Schulintegration. In: monat. Sozialpolitische Rundschau der Dachorganisation der Behindertenverbände Österreichs, Februar 2012, S. 1–3. Im Internet unter: http://bidok.uibk.ac.at/library/flieger-segregationsquotient.html

Flieger, Petra/Müller, Claudia (2016): Basale Lernbedürfnisse im inklusiven Unterricht. Ein Praxisbericht aus der Grundschule. Bad Heilbrunn: Klinkhardt Verlag.

Flieger, Petra (2020): Ermöglichen, nicht behindern. Zum Abbau von Barrieren für die Partizipation von Kindern mit Behinderungen in Schule und Unterricht. In: Gerhartz-Reiter, Sabine/Reisenauer, Cathrin (Hg.): Partizipation & Schule. Perspektiven auf Teilhabe und Mitbestimmung von Kindern und Jugendlichen. Wiesbaden: VS-Verlag, S. 135–151.

Fraser, Nancy/Honneth, Axel (2003): Umverteilung oder Anerkennung? Eine politisch-philosophische Kontroverse. Frankfurt/Main: Suhrkamp.

Freire, Paulo (1973): Pädagogik der Unterdrückten. Bildung als Praxis der Freiheit. Reinbek: Rowohlt.

Freinet, Célestin (1979): Die moderne französische Schule. Paderborn: Schöningh.

George, Ann Cathrice/Schwab, Susanne (2019): Österreichs Integrationsklassen: Kompetenzdefizite durch soziale Benachteiligung? Ein Vergleich zwischen Integrations- und Regelklassen. In: George, Ann Cathrice u. a. (Hg.): Kompetenzmessungen im österreichischen Schulsystem: Analysen, Methoden & Perspektiven. Münster/New York: Waxmann, S. 103–114. Im Internet unter:
https://www.researchgate.net/publication/334824627_Osterreichs_Integrationsklassen_Kompetenzdefizite_durch_soziale_Benachteiligung_Ein_Vergleich_zwischen_Integrations-_und_Regelklassen

Gehrer, Elisabeth (1996): Wortmeldung in: ORF „Zur Sache", Nov. 1996. Im Internet unter:
https://www.youtube.com/watch?v=w927vIHt_7g - min 1:16:00

Gstettner, Peter (1982): Die nicht stattgefundene „Begegnung" oder: Zur fortgesetzten Abwertung von Abweichenden. In: Forster, Rudolf/Schönwiese, Volker (Hg.): Behindertenalltag – wie man behindert wird. Wien: Jugend und Volk, S. 131–152. Im Internet unter: http://bidok.uibk.ac.at/library/gstettner-begegnung.html (16.8.2018)

Hohmeier, Jürgen (1975): Stigmatisierung als sozialer Definitionsprozeß. In: Brusten, Manfred/Hohmeier, Jürgen (Hg.): Stigmatisierung 1, Zur Produktion gesellschaftlicher Randgruppen. Darmstadt: Luchterhand, S. 5–24. Im Internet unter:
http://bidok.uibk.ac.at/library/hohmeier-stigmatisierung.html (18.08.2019)

Klafki, Wolfgang (1996): Neue Studien zur Bildungstheorie und Didaktik. Zeitgemäße Allgemeinbildung und kritisch-konstruktive Didaktik. Weinheim: Beltz Verlag.

Köppel, Karl (1982): Ein alternatives Projekt innerhalb des traditionellen Schulsystems. In: Forster, Rudolf/Schönwiese, Volker (Hg.): Behindertenalltag – wie man behindert wird. Wien: Jugend und Volk, S. 277–290. Im Internet unter:
http://bidok.uibk.ac.at/library/koeppel-projekt.html (07.12.2019)

Laun, Roland (1983): Freinet – 50 Jahre danach. Dokumente und Berichte aus drei französischen Grundschulklassen. Beispiele einer produktiven Pädagogik. Heidelberg: bvb-Edition.

Markowetz, Reinhard (2000): Identität, soziale Integration und Entstigmatisierung. Identität, soziale Integration und Entstigmatisierung. In: Gemeinsam leben – Zeitschrift für integrative Erziehung Nr. 3-00, S. 112–120. Im Internet unter: http://bidok.uibk.ac.at/library/gl3-00-identitaet.html (18.08.2019)

McKnight, John (1979): Professionelle Dienstleistung und entmündigende Hilfe. In: Illich, Ivan (Hg.): Entmündigung durch Experten. Zur Kritik der Dienstleistungsberufe. Reinbek: Rowohlt, S. 37–56.

Melero, Miguel López (2000): Ideologie, Vielfalt und Kultur. Vom Homo sapiens sapiens zum Homo amantis. Eine Verpflichtung zum Handeln. Im Internet unter:
http://bidok.uibk.ac.at/library/beh4-5-00-vielfalt.html (18.08.2019)

NBB-Nationaler Bildungsbericht Österreich (2015), Band 1. https://www.bifie.at/node/3384

Pfahl, Lisa/Plangger, Sascha/Schönwiese, Volker (2018): Institutionelle Eigendynamik, Unübersichtlichkeit und Ambivalenzen im Bildungswesen: Wo steht Inklusion? In: Feyerer, Ewald u. a. (Hg.): System. Wandel. Entwicklung. Akteurinnen und Akteure inklusiver Prozesse im Spannungsfeld von Institution, Profession und Person. Bad Heilbrunn: Klinkhardt 2018, S. 93–104.

Powell, Justin J. W./Pfahl, Lisa (2012) Sonderpädagogische Fördersysteme. In: Bauer, Ullrich/Bittlingmayer, Uwe H./Scherr, Albert (Hg.): Handbuch Bildungs- und Erziehungssoziologie. Wiesbaden: VS-Verlag, S. 721–740.

Pineda, Pablo (2014): Herausforderung Lernen. Ein Plädoyer für die Vielfalt. Zirndorf: Edition 21, G&S Verlag.

Plangger, Sascha/Schönwiese, Volker (2013): Bildungsgerechtigkeit zwischen Umverteilung, Anerkennung und Inklusion. In: Dederich Markus/Greving, Heinrich/Mürner, Christian/Rödler, Peter (Hg.): Gerechtigkeit und Behinderung – Heilpädagogik als Kulturpolitik. Gießen: Psychosozial-Verlag, S. 55–76. Im Internet unter:
http://bidok.uibk.ac.at/library/schoenwiese-bildungsgerechtigkeit.html (18.08.2019)

Prengel, Annedore (2015): Pädagogik der Vielfalt: Inklusive Strömungen in der Sphäre spätmoderner Bildung. In: EWE – Erwägen-Wissen-Ethik. Forum für Erwägungskultur – Forum for Deliberative Culture, Band Heft 2/2015, Jg. 26. Universität Paderborn, S. 157–168.

Raith, Werner und Xenia (1982): Behinderte Kinder gemeinsam mit anderen – Erfahrungen mit der Integration. Hamburg: Rowohlt Taschenbuch.

Scholten, Rudolf (1992): Grundsatzerklärung. Im Internet unter:
http://bidok.uibk.ac.at/library/bi-1-92.html (18.08.2019)

Schönwiese, Volker (2008): Warum auf schulische Integration/Inklusion nicht verzichtet werden kann. In: Resinger, Paul/Schratz, Michael (Hg.): Schule im Umbruch. Innsbruck: Innsbruck University Press, S. 51–63.

Schönwiese, Volker (2015): Die Schule nicht seiner institutionellen Eigendynamik überlassen. In: EWE – Erwägen-Wissen-Ethik. Forum für Erwägungskultur – Forum for Deliberative Culture, Band Heft 2/2015, Jg. 26, Universität Paderborn, S. 258–260.

Seidl, Peter (Hg.) (1972): Ausleseschule oder Gesamtschule? Beiträge zu einer Reform des Sekundarschulwesens. Innsbruck/Wien/München: Tyrolia.

Sheffer, Edith (2018): Aspergers Kinder. Die Geburt des Autismus im „dritten Reich". Frankfurt/New York: Campus.
Statistik Austria: Anteil der Schülerinnen und Schüler mit SPF in allen Schultypen (2017/18). Im Internet unter:
http://www.statistik.at/web_de/statistiken/menschen_und_gesellschaft/bildung/schulen/schulbesuch/029658.html (18.08.2019)
Stöger, Peter (1997): Paulo Freire – ein Nachruf. Im Internet unter:
http://bidok.uibk.ac.at/library/stoeger-freire.html (18.08.2019)
Willis, Paul (1977/2013): Spaß am Widerstand. Learning to Labour. Hamburg: Argument Verlag.

Gemeinsame Schule und Inklusion
Publikumsbeiträge aus der Podiumsdiskussion

Monika Haider: Es ist ein strukturelles Problem und wir werden keine „Gesamtschule" oder „gemeinsame Schule" durchsetzen können. Was strukturell eingreifen könnte in das System, wäre ein Recht auf Inklusion statt dem Elternwahlrecht. Dann hätten wir Hebel und könnten in jede Schule hinein. Man kann mit einzelnen Hebeln die Strukturen wahrscheinlich verändern. Gesamtschule ist ein viel zu heißes Thema, das wird niemand andocken.

Ilse Rollett: Recht auf Inklusion in allen Schultypen. Das löst dann die AHS auf.

Monika Haider: Wenn ich auf die Gesetzesebene gehe, verlange ich das Recht auf Integration, wenn ich auf die Schulebene gehe, verlange ich eigentlich mit der Direktor*in gemeinsam ein Klima des Dialogs, der Wertschätzung, der Inklusion zu schaffen, sodass alle daran gemeinsam arbeiten müssen. Ich brauche einen gesetzlichen Rahmen, und dann brauche ich die Bedingungen der Schule.

Josef Reichmayr: Als Schwungräder für Veränderungen sind natürlich Eltern nicht unbedeutend. Auch in der Anfangszeit der Integrationsbewegung waren es überwiegend ganz bestimmte Eltern, sehr bewusste, die wussten: das kommt meinem eigenen Kind zugute. Es war überwiegend eine Elternschaft, die das wollte, manche vielleicht, die dann zufällig hineingeraten sind und dann vom System überzeugt wurden. Einige Jahre später im Zuge der Mehrstufenklassen, speziell in Wien, gab es denselben Effekt sogar noch viel ausgeprägter. Manche Eltern drängen so massiv hinein, dass andere Eltern überhaupt keine Chance hatten, noch dazu wenn sie sowieso skeptisch waren. Das sind Ansätze eines Schwungrades, durchaus von ganz bestimmten Eltern, die aus einer Position der sozialen Stärke heraus sich das leisten können. Die können gelassen sein: „Mein Kind geht schon seinen Weg." Aber das in die politische Breite zu bringen, da eine Basis zu schaffen, das ist offenbar nicht geschehen. In Wien gibt es zum Beispiel drei Volksschulstandorte direkt nebeneinander, wo die Ergebnisse der Bildungsstandards eine soziale Schichtung der Eltern zeigen, die ziemlich unterschiedlich ist. Da gibt es schon seit zwei Jahren ausgereifte Pläne der zuständigen Direktorinnen, hier bewusst eine Mischung hinein zu bringen. Von jedem Topf gibt es für soundso viele Kinder einen Platz, und die werden gezogen. Unter notarieller Aufsicht. Alle Eltern dürfen dabei sein. Die unterschreiben aber vorher, dass sie diesem Verfahren zustimmen, weil es mindestens so valide ist, wie wenn ich mit „Google" schaue. Hier, in so einem kleinen Bereich, vielleicht unter dem Motto des „Bildungsgrätzels", das ja in Wien politisch positiv besetzt ist, könnte man so etwas probieren, das wäre für mich ein Testfall dafür.

Gabi Lener: Es scheitert nicht am Willen oder am Einverständnis der Eltern, von denen etliche durchaus etwas von ihren „Privilegien" hergeben würden. Es scheitert einstweilen noch am politischen Willen in der Stadtregierung, man müsste ein „politisches Go" haben, und das konnte bis jetzt nicht erreicht werden.

ATELIERS

Nicol Gruber

Bildungsgerechtigkeit zwischen Anpassung und Emanzipation

Das Recht auf Bildung ist ein Menschenrecht. Nur: Wer hat das Recht auf welche Bildung und wem dient sie?

Bildung wird oft auf ihre Verwertbarkeit reduziert. Gängige Fragen in diesem Zusammenhang sind: Welchen Nutzen hat Bildung, welchen Effekt haben Investitionen in die Bildung und wie kann das Humankapital durch Bildung aufgewertet werden? Zweifelsfrei ist die Verwertbarkeit der Bildung, etwa in Fragen betreffend den Zugang zum Arbeitsmarkt, eine durchaus relevante. Junge Menschen müssen auf die Arbeitswelt, die sie erwartet, vorbereitet werden und junge Menschen müssen selbstverständlich auch die Möglichkeit haben, am Arbeitsleben teilzunehmen. Es ist unbestritten, dass das Bildungssystem diese Funktion erfüllen muss. Doch daneben hat Bildung eine andere Rolle – eine, die weit über ihre Verwertbarkeit hinausgeht. In einem emanzipatorischen Verständnis von Bildung muss Bildung Menschen dazu befähigen, die herrschende Ordnung kritisch zu hinterfragen. Bildung muss das Wissen an die Hand geben, das es braucht, um Machtstrukturen und Hierarchien zu verstehen, und sie muss Möglichkeiten aufzeigen, wie diese verändert werden können.

Aus der Perspektive der Gerechtigkeit stellt sich die Frage, wie Bildung verteilt ist. Wer erhält welche Bildung, wer ist eingeschlossen, wer wird ausgeschlossen? Dabei müssen aber immer alle Komponenten der Bildung berücksichtigt werden – sowohl jene, die auf die Einpassung ins und Anpassung ans herrschende System abzielen als auch jene, die zum kritischen Hinterfragen anregen. In einer Welt, die zunehmend einer ökonomischen Verwertungslogik unterzogen wird, liegt es nahe, den ökonomischen Wert der Bildung, d. h.

jenen Teil, welcher der Aufwertung des Humankapitals dient, in den Vordergrund der Analyse zu stellen. Der strukturelle Ausschluss sozioökonomisch benachteiligter Gruppen aus höherer Bildung ist aber nicht nur aus ökonomischer Sicht problematisch, sondern vor allem deshalb, weil damit viele Gruppen strukturell von der Möglichkeit ausgeschlossen werden, die herrschende Ordnung zu hinterfragen, Machtstrukturen zu verstehen, sich gemäß ihrer Interessen zu organisieren und damit geltende Hierarchien in Form politischer Beteiligung zu verändern.

Diese strukturelle Ungleichheit beim Zugang und Erhalt von Bildung hat viele Komponenten. Die Selektion in Mittelschulen und allgemein bildende höhere Schulen (AHS; im gängigen Sprachgebrauch auch als Gymnasium bezeichnet), die in Österreich bereits nach der 4. Schulstufe stattfindet, verweist Kinder wie Eltern schon früh an einen bestimmten Platz. Diese Selektion manifestiert sich selbstverständlich auch in den Köpfen der Betroffenen. Obwohl beide Schularten Allgemeinbildung vermitteln sollen, liegt der Fokus in den Mittelschulen auf der Vorbereitung auf das Arbeits- und Berufsleben, während der Fokus in der AHS auf dem Erreichen der Matura und somit auf dem anschließenden Studium liegt. Damit wird ersteren Schüler*innen suggeriert, ihre Aufgabe wäre es, möglichst früh ein funktionierendes Mitglied der Arbeitswelt zu sein und hier möglichst gut ausgebildet zu werden, um „den Aufstieg zu schaffen". Zugleich bleibt vertiefte Allgemeinbildung das Privileg weniger Auserwählter.

Zugleich gibt es im österreichischen Bildungssystem immense Schieflagen wenn es um die Bildungsverteilung nach Gender- und Diversitätskategorien geht. Eine Studie zu den Zukunftsvorstellungen Jugendlicher am Ende der Sekundarstufe I[1] zeigt etwa, dass Mädchen – quer durch alle Milieus – viel unsicherer in die Zukunft blicken als ihre männlichen Schulkollegen. Eine weitere Selektion ist der systematische Ausschluss von Kindern, deren Erstsprache nicht Deutsch ist, aus dem Regelunterricht durch die jüngst eingeführten Deutschförderklassen. Auch die Existenz der Sonderschulen als dritter Selektionskategorie zeigt, welch geringen Stellenwert

---

1 Lange/Straub (2019): Vorstellungen über die Arbeitswelt am Ende der Sekundarstufe I. Universität Wien.

Inklusion im österreichischen Bildungssystem nach wie vor einnimmt.

Gerade das kritische Hinterfragen der Welt, in der wir leben, ist für die Vorbereitung auf das Leben unabdingbar. Denn nur so können die eigenen Interessen verstanden und auf dieser Basis die herrschende Ordnung hinterfragt und verändert werden. Wer die eigenen Interessen nicht kennt und keine Idee von Macht hat, nimmt auch die eigene Position in der Gesellschaft als naturgegeben hin anstatt sie als sozial konstruiert und damit als veränderbar zu verstehen. Bildung kann nicht allein dem Zweck der (besseren) Eingliederung in die herrschenden Macht- und Produktionsverhältnisse dienen und auch nicht auf die reine Ausbildung von Kompetenzen ausgerichtet sein, die sich in monetäre Erträge umformen lassen. Bildungsgerechtigkeit bedeutet, dass alle jungen Menschen – unabhängig von Status, Klasse, Herkunft, Gender – das Recht haben, eine Erziehung zu erfahren, die ihnen die Möglichkeit gibt, kritisch und reflektiert am Willensbildungsprozess teilzunehmen und für ihre Interessen einzustehen.

Bildungsgerechtigkeit kann also nur dann erreicht werden, wenn für alle – unabhängig von ihrer Zugehörigkeit – alle Elemente der Bildung zugänglich sind. Kritisches Hinterfragen und das Erlernen der Teilnahme am politischen Willensbildungsprozess dürfen nicht das Privileg bestimmter sozialer Schichten sein. Genauso wenig darf die Vorbereitung auf die Arbeitswelt auf bestimmte soziale Schichten begrenzt sein.

Leuchtturmschulen und Schulwahl
Publikumsbeiträge aus der Podiumsdiskussion

Regina Grubich-Müller: Wenn ich an Wiener Verhältnisse denke, wünsche ich mir, dass es keine Leuchtturmschulen gäbe, wo Menschen mit größeren Möglichkeiten ihr Kind unbedingt hinhaben wollen und jene, die keinen so breiten Zugang haben, für die anderen Schulen übrigbleiben. Vor vielen Jahren bei der „Community Education" ging es bereits um das Ziel, dass in eine Schule die Kinder gehen, die dort wohnen. Eine Schule, die nicht nur während des Unterrichts offen ist, sondern als Zentrum für Interessen der Community auch außerhalb des Unterrichts. Selbstverständlich müssten wir uns auch wohnpolitisch etwas überlegen. Es gibt Zentren, wo sehr viele Personen mit einem sogenannten Migrationshintergrund wohnen, und sich dann die entsprechende Schule generiert hat. Auch aus dem Grund, wie Ganztagesplätze vergeben werden dürfen. Es ist vielfältig, warum manche Schulen sogenannte „Ausländerschulen" wurden, Volksschulen mit einem Prozentsatz von Kindern mit Migrationshintergrund von über 90%, und in Rufweite, die Schule daneben, eine völlig andere Population. Das perpetuiert sich so, dass es unmöglich ist, nur auf Elternwunsch Schulen anders zu gestalten.

Sibylle Hamann: Das ist ganz sicher ein riesiges Thema. Ich glaube aus der SPÖ zu wissen, dass man dort zwar schon einmal diskutiert hat, die freie Schulwahl grundsätzlich aufzuheben, das aber von der SPÖ für politisch nicht überlebbar gehalten wird, weil es die Eltern einfach nicht akzeptieren würden, wenn sie nicht mehr wählen dürften. Nicht unplausibel.

Sabrina Dorn: Die Frage der Schulwahl ist ein super-heikles Thema, etwas, das man allgemein schwer ansprechen kann. Unter Eltern sieht man das als Recht, aber im Grunde kann sich damit Segregation überhaupt erst bilden.

Josef Reichmayr

Passé 1: EINE Lehrerin für eine Volksschulklasse
Passé 2: Die alte Langform der AHS

Als Teilnehmer an einer Diskussion mit 400 Oberstufenschüler*innen im Wiener RadioKulturHaus[1] zum Thema „Ist unsere Schule noch zeitgemäß?" habe ich als „Anschauungsmittel" eine Münze der Republik Österreich im Wert von einem Schilling vorgezeigt und den Anwesenden folgende Nachdenkaufgabe mit auf den Weg gegeben:

In den 1960er Jahren konnte ich mit einem Schilling nicht nur zwei Kugeln Eis kaufen, sondern auch in ein Telefonhäuschen gehen, einen Festnetzanschluss wählen und dann geschätzte zwei Minuten ein Gespräch führen. Heute, mehr als ein halbes Jahrhundert später, sind Schüler*innen, zusehends auch schon im Volksschulalter, fast schon standardmäßig mit einem Smartphone ausgestattet, laufen also mit einem tragbaren und ortsunabhängig fast überall funktionstüchtigen Mini-Computer herum.

Im Vergleich dazu die Schule: Was hat sich in diesem zentralen gesellschaftlichen Lern- und Begegnungsort in den vergangenen 50 bis 60 Jahren verändert? Ja es gab früher Episkope (Auflichtprojektoren), abgelöst durch Overheadprojektoren, abgelöst durch Beamer, neuerdings vermehrt auch schon wieder abgelöst durch kostspielige interaktive Whiteboards. Aber was hat sich an der Grundkonstruktion der Schule verändert? Bei Organisation und Konvention beängstigend wenig!

Wie eh und je kennzeichnen das Schulsystem in Österreich
- Jahrgangsklassen und in den Lehrplänen definierte Jahresziele (bei deren Nichterreichen eine Komplettwiederholung erforderlich ist),

---

1 Veranstaltet vom Bundesministerium für Bildung, Wissenschaft und Forschung, KURIER/Kinderkurier und ORF/Ö1. Nachzuhören unter https://kurier.at/kiku/was-hat-eine-1-schilling-muenze-mit-schule-zu-tun/400655936

- ein Splitting der Schüler*innen im 10. Lebensjahr nach verschiedenen Schultypen,
- Ziffernnoten als Steuerungsinstrument für dieses Splitting und die jahrgangsmäßige Selektion,
- eigene Schulhäuser für bestimmte Schüler*innengruppen (besonders langsam, besonders behindert, besonders sprachungewandt),
- das gesetzlich verankerte Prinzip „Eine Lehrerin für eine Volksschulklasse" (ungeachtet der Anzahl und der Zusammensetzung der Schüler*innen).

Warum ist die (in Österreich überwiegend staatliche) „Veranstaltung Schule" dermaßen veränderungsresistent? Es ist wohl ein Amalgam aus budgetpolitischen Gründen, bildungsbürgerlichen Reproduktionsängsten (Bildung als nach wie vor überwiegend vererbtes Gut), nachhaltig organisiertem Standesdünkel der „höheren" Schulen und ihrer politischen und gewerkschaftlichen Repräsentant*innen sowie den Nachwirkungen jahrzehntelanger SPÖVP-„Cohabitation" in schul- und bildungspolitischen Fragen und institutionellen Besetzungen.

Diese Status-quo-Konstellation erodiert zwar zusehends, zuletzt deutlicher sichtbar geworden durch die plakative Retro-Schulpolitik unter der ÖVP-FPÖ-Regierung, ist aber in ihren Grundfesten nach wie vor erstaunlich wenig erschüttert. Dies soll anhand zweier ausgewählter Fragestellungen demonstriert werden.

Zwei Lehrerpersonen für jede größere Volksschulklasse

Im Februar 2019 organisierte „Schulautonomie Monitoring Österreich" ein Zusammentreffen verschiedener gewerkschaftlicher und bildungsinteressierter Menschen unter dem Motto „Volksschulklassen doppelt – jetzt und nicht gemoppelt". Im Lichte eines dahingehenden Beschlusses der Gewerkschaft der Pflichtschullehrer*innen (GÖD-APS) geht es hier nicht um ein Randthema. Vor der Nationalratswahl 2019 haben mehrere parteiunabhängige Bildungsinitiativen alle kandidierenden Parteien unter anderem gefragt: „Welchen Stellenwert hat die Forderung nach zwei Lehrer*innen für jede Volksschulklasse für Ihre Partei?" Der Einfachheit halber konnte wahlweise angegeben werden: vordringliche schulpolitische Maßnahme/unterstützenswert/nicht so dringend/dagegen.

SPÖ, GRÜNE und WANDEL betrachteten dieses Anliegen als vordringliche Maßnahme, NEOS und JETZT als unterstützenswert. ÖVP und FPÖ drückten sich um eine klare Antwort (kreuzten also keine der vier Optionen an), sondern verwiesen auf die Schulautonomie.[2]

Es wird sich weisen, ob und wie dieses Thema in einer neuen Regierungskonstellation vorkommt und vor allem welche politischen Umsetzungsschritte daraus resultieren.

Die neue Langform für österreichische Pflichtschulkinder

Der Langform der allgemeinbildenden höheren Schule (AHS; im gängigen Sprachgebrauch auch als Gymnasium bezeichnet) als Bundesschule liegt die Idee zugrunde, dass Zehnjährige in diesen Schultyp eintreten und als maturierte 18- bzw. 19-Jährige wieder austreten. In der Realität wird die AHS-Langform schon länger nicht mehr ihrem Anspruch gerecht, da ihr (aus unterschiedlichsten Gründen) während der acht Jahre mehr als die Hälfte der Schüler*innen abhanden kommt (vor allem durch „Rückfluter*innen" an die Mittelschule oder durch den Wechsel an berufsbildende Schulen). Das liegt nicht in der Verantwortung der AHS-Lehrer*innen, sondern stellt einen Tribut an veränderte Bildungserwartungen und -laufbahnen dar.

Höchste Zeit also, eine neue Langform zu denken und zu verwirklichen: eine möglichst kontinuierliche Lernbegleitung der Schüler*innen zwischen sechs und 14 bzw. 15 Jahren!

Wunschdenken? Mitnichten. Es gibt dafür Beispiele im konfessionellen Schulbereich, in der Waldorfpädagogik ebenso wie viele (meist reformpädagogisch inspirierte, meist inklusiv orientierte) Modelle im privaten, aber auch im öffentlichen Schulbereich: altersgemischte Lerngruppen in Drei-Jahres-Sprüngen mit inneren Übergängen und jedenfalls ohne gewaltsame äußere Selektion. Bei Bedarf verbleibt ein Kind ein Jahr länger in seiner Gruppe (der Sechs- bis Neunjährigen, der Zehn- bis 12- oder 13-Jährigen), ohne aber deswegen seine sozialen Bezugspunkte zu verlieren.

---

2 http://schaumonito.at/2019/09/10/ueberparteiliche-schul-und-bildungs-initiativen-befragen-alle-wahlwerbenden-gruppen-zur-nrw19/

Nennen wir diese neue Langform eine Bildungsstätte zur kontinuierlichen Förderung der Talente jedes einzelnen Kindes:
- durch die Umsetzung eines qualitätsvollen, hoch differenzierten, individualisierten und kontinuierlichen Lernens der Schüler*innen an einem Ort/unter einem Dach in pädagogischen Teams (bestehend aus Volksschul-, Mittelschul-, AHS-Lehrer*innen sowie Sonder- und Freizeitpädagog*innen),
- durch Stärkung einer lernluststeigernden, inklusiven, nicht-selektiven Pädagogik in der öffentlichen Wahrnehmung und durch Sensibilisierung der politischen Entscheidungsebenen dafür,
- durch Gewinnung einer wesentlich größeren Anzahl von Eltern und Schüler*innen für ein lebensnahes, solidarisches, kritisches, ganzheitliches, Mensch und Natur wertschätzendes, weltoffenes Lernen.

Solche Schulallianzen zur kontinuierlichen Förderung der Talente von überwiegend (aber nicht zwingend nur) Pflichtschüler*innen könnten ein wertvoller Anstoß für ein neues Kapitel der hierzulande bisweilen lähmenden Schulpolitik sein. Immerhin: Die Gesetze erlauben es zwar nicht, dass nicht-AHS-reife Kinder eine AHS besuchen, aber sie verbieten umgekehrt nicht, dass solche tendenziell leistungsstärkeren Schüler*innen eine mit einer Volksschule eng verknüpfte Mittelschule besuchen.

COOL – Cooperatives Offenes Lernen

COOL steht für Cooperatives Offenes Lernen und ist eine Initiative von Lehrer*innen, die seit über 20 Jahren in Österreich und darüber hinaus tätig ist.
Cooperatives Offenes Lernen versteht sich als demokratiepädagogischer Unterrichts- und Schulentwicklungsansatz, eine Chance zur Weiterentwicklung für Schüler*innen, Lehrer*innen und Schulen am jeweiligen Standort. Die Schulpartner*innen lernen mit- und voneinander, indem sie Freiheit, Kooperation und Selbstverantwortung fördern. COOL setzt an der wertschätzenden Haltung aller Beteiligten an.

Die drei COOL-Prinzipien basieren auf dem Daltonplan von Helen Parkhurst und bedeuten konkret:
Freiheit: Freiräume für selbstgesteuertes, ganzheitliches, fächerübergreifendes Lernen werden geschaffen, um so Wahlfreiheit bezüglich Aufgaben, Aufgabenabfolge, Lernort und Sozialform zu ermöglichen. Diese Freiräume werden sowohl von Schüler*innen als auch von Lehrer*innen dazu genutzt, ihre Potenziale zu entdecken und zu entfalten.
Kooperation: Lehrer*innen sowie Schüler*innen kooperieren miteinander in unterschiedlichsten Settings und lernen von- und miteinander. So können sie ihre sozialen und personalen Kompetenzen weiterentwickeln und ihre Teamfähigkeit stärken. Lehrer*innen kooperieren mit Schüler*innen, indem sie diese wertschätzend und auf Augenhöhe in ihrem Lernen begleiten.
Selbstverantwortung: In den COOL-Einheiten wird die Übernahme von Verantwortung durch die Schüler*innen gestärkt, da sie ihre Lernarbeit selbständig planen und organisieren. Sie übernehmen auch Verantwortung für ihre Umgebung beim gemeinsamen Lernen. Der regelmäßig stattfindende Klassenrat bietet zusätzlich Raum für die aktive Teilhabe an Entscheidungsprozessen.

Wie COOL in der Schulpraxis umgesetzt wird, verdeutlichen folgende wesentliche Bausteine:
- Die Lehrenden kooperieren in Klassen-Teams, denn wenn Lernende teamfähig werden sollen, dann müssen es auch die Lehrkräfte sein. Neben einer gemeinsamen Klausur zu Beginn des Schuljahres gibt es regelmäßige Teamsitzungen zur Reflexion, Planung und Weiterentwicklung der Unterrichtsarbeit.
- Die Schüler*innen bearbeiten schriftliche, häufig fächerübergreifende Assignments (Arbeitsaufträge), deren Zielformulierungen sich an den in den Lehrplänen festgeschriebenen Kompetenzen orientieren.
- In etwa einem Drittel der Unterrichtszeit, in so genannten COOL-Einheiten (COOL-Stunden, COOL-Tage, COOL-Blöcke), haben die Lernenden die Freiheit zu entscheiden, wann, wo und wie sie die gestellten Aufgaben bis zu den vorgegebenen Terminen bewältigen wollen. Das schrittweise Öffnen des Unterrichts in mehreren (möglichst allen) Fächern trainiert fachliche, soziale und Selbstkompetenzen gleichermaßen.
- Die freien Arbeitsphasen ermöglichen den Lehrenden, vom lehrerzentrierten Unterricht abzugehen und eine Rolle als Moderator*in und Begleiter*in des Lernprozesses ihrer Schüler*innen einzunehmen. So können sie auf die Lernenden einzeln eingehen und diese auch gezielt und individuell fördern.
- Der Einstieg in den fächerbezogenen und fächerübergreifenden COOL-Unterricht und dessen Reflexion ist Basis und Trainingsfeld für die Einführung weiterer offener Formen: Projektunterricht, forschendes Lernen, themenzentrierter Unterricht, Arbeit in Lernbüros oder offene Lernzeiten, in denen die Schüler*innen ihre selbst definierten Lernziele verfolgen.
- Die Nutzung von digitalen Medien und Methoden des eLearning („eCOOL") ergänzen und unterstützen die differenzierte Unterrichtsarbeit (Lernplattformen, elektronische Arbeitsaufträge, Learning Apps, eFeedback, ePortfolio...)
- In der regelmäßig stattfindenden Klassenratssitzung besprechen die Lernenden ihre Anliegen, reflektieren ihren Lernfortschritt, trainieren Gesprächsregeln, Protokollführung und Moderationstechniken. Sie lernen, sich aktiv an Entscheidungsprozessen zu beteiligen und erleben so Demokratie.

- Neben den gesetzlich vorgeschriebenen summativen Formen der LeistungsBEURTEILUNG (Tests, Schularbeiten) werden auch formative Formen der LeistungsBEWERTUNG wie z. B. (Selbst)Reflexionen oder Portfolios eingesetzt, um Schüler*innen beim Rollenwechsel vom Konsumenten des Unterrichts zum eigenverantwortlich Lernenden zu unterstützen.
- In regelmäßiger Elternarbeit werden die Eltern und Erziehungsberechtigten durch ihr Feedback zum Mitgestalten der Lernprozesse angeregt.

Fast alle Schulen finden einen Einstieg in COOL, indem Schulteams (zwei oder mehrere Lehrkräfte pro Schule) an dem viersemestrigen Lehrgang teilnehmen. Kernstück bildet das COOL-Entwicklungsprojekt, das im Rahmen des Lehrgangs an der eigenen Schule initiiert und begleitet wird.

Die aktuellsten Weiterentwicklungen zeigen die sechs COOL-Innovationsschulen (www.cooltrainers.at/innovationsschulen). Sie verstehen sich als „COOL-Praxislabore" und richten ihre gesamte Schulstrategie, Struktur und Entscheidungsprozesse an den COOL-Prinzipien aus. Das heißt, sie nutzen die größtmögliche Freiheit im Rahmen des Systems und darüber hinaus in Schulversuchen, um zukunftsweisende Lernsettings zu entwickeln, die sie selbst erproben. Sie sind offen für Besuche und stellen ihr gesamtes Know How am Standort zur Verfügung. Damit sind sie ein wichtiger Motor in der (COOL)Entwicklung weiterer Schulen.

Die Initiative COOL will einen wertvollen Beitrag für die Weiterentwicklung der Schulpraxis in Österreich und über die Grenzen hinaus leisten. Die Vision ist, dass Schulen sich als lernende Organisationen begreifen, in denen Wertschätzung, Authentizität und kontinuierliche Weiterentwicklung groß geschrieben werden und die Potenzialentfaltung aller Beteiligten gelebt wird.

Kontakt:
Martina Piok
Impulszentrum für Cooperatives Offenes Lernen
www.cooltrainers.at
impulszentrum@cooltrainers.at

Gabi Lener

Großbaustelle Sprachförderung

Eines der von der Europäischen Union gesetzten Ziele ist es, dass alle Bürger*innen ihre Erstsprache sowie mindestens zwei weitere Sprachen beherrschen mögen. In Österreich fiele dieser Anspruch auf fruchtbaren Boden: Neben Deutsch werden noch ca. 250 weitere Sprachen gesprochen, bundesweit gab es im Schuljahr 2017/18 muttersprachlichen Unterricht[1] in 26 Sprachen, an Wiener Schulen in 23 Sprachen, und 59 % der Wiener Volksschüler*innen sprechen daheim eine andere Sprache als Deutsch (vgl. Expertenrat für Integration 2019). Der Wiener Bildungsstadtrat Jürgen Czernohorszky formuliert: „Sprachen sind die Schlüssel zur Welt: Durch sie können sich Kinder und Erwachsene mit anderen Menschen verständigen, Beziehungen eingehen, Beobachtungen teilen, Dinge beschreiben und erklären, Bedürfnisse äußern, Missverständnisse klären, streiten und loben." (Leitfaden Mehrsprachigkeit, S. 5) Wie wird diesem Anspruch, der nicht zuletzt auch der Kinder- und Menschenrechtskonvention entspricht, in Österreichs Schulen begegnet?

Bezüglich Sprachbewusstsein im österreichischen Bildungssystem stellt sich die Frage, warum immer noch mit dem Begriff „Muttersprache" operiert wird. Dieser missverständliche Begriff wird beharrlich als Synonym für die Erstsprache verwendet, also die Sprache, in der ein Kind die erste sprachliche Sozialisation erlebt. Kinder, die daheim mit mehreren Sprachen aufwachsen, haben demgemäß mehrere Erstsprachen. In einer späteren Spracherwerbsphase (z. B. im Kindergarten) kommt dann die Zweit- oder Drittsprache dazu, wobei sich die Kompetenzen im Laufe des (Schul)Lebens von der ersten Sprache (wegen schulischer Förderung und dominantem Gebrauch mit der Peer Group und im öffentlichen Raum) zumeist hin zur zweiten Sprache verschieben. Die erste Sprache bleibt damit oft nur die mündlich und im unmittelbaren familiären Kontext verwendete Sprache mit allen Einschränkungen, die durch diese Begrenzung bestehen: weniger komplexe Satzstrukturen, ein-

---

1 vgl. http://www.schule-mehrsprachig.at/fileadmin/schule_mehrsprachig/redaktion/hintergrundinfo/pdfs/info5-2019.pdf

geschränkter Wortschatz, kein qualifizierter Ausbau der Schriftsprache. Im Sinne von Zwei- und Mehrsprachigkeit, wie von der EU als Ziel formuliert, wäre jedoch eine qualifizierte Weiterführung des Kompetenzerwerbs in der Erstsprache mit schulischen Mitteln sinnvoll. Dass der diesbezüglich in Frage kommende Unterricht im Schulalltag immer noch sehr oft als „muttersprachlicher *Zusatz*unterricht"[2] bezeichnet wird, spricht in Hinblick auf diese Zielorientierung Bände: Herkunfts- bzw. Erstsprachen, die nicht dem gängigen Sprachenkanon angehören, werden immer noch als Appendix missverstanden und als reine Stütze für das Mitkommen im „Standardunterricht" instrumentalisiert. Lehrer*innen, auch fortschrittliche und offene, äußern noch immer Bedenken, dass Kinder im Unterricht „etwas versäumen", wenn sie parallel zum Klassenunterricht in der Herkunftssprache gefördert werden. Damit unterliegt der Erstsprachenunterricht in Österreichs Schulen immer noch der Gefahr der Defizitorientierung: Er findet statt, um Kindern in der Erstsprache etwas verständlicher zu machen, was sie in der Zielsprache, der Unterrichtssprache Deutsch, ohne Unterstützung noch nicht optimal bewältigen, und darf nur stattfinden, wo nichts „Unterrichtsrelevanteres" geplant ist.

In einem ressourcenorientieren Ansatz müssten vielmehr die Erstsprachen der Kinder schulisch aufgegriffen und mit schulischen Mitteln weiterentwickelt werden. Auch deutschsprachige Kinder brauchen Deutschunterricht, da es vom umgangssprachlichen Gebrauch in der Familie bis zur qualifizierten Sprachkompetenz in Wort und Schrift noch ein weiter Bildungsweg ist. Diesen Weg auch in den anderen Erstsprachen der in Österreich lebenden Kinder gemeinsam zu gehen, müsste schulischer Erstsprachenunterricht ermöglichen, um qualifizierte Zweisprachigkeit anzubahnen.

Ebenfalls auffällig ist die Unterscheidung in muttersprachlichen Unterricht auf der einen und den schulischen Fremdsprachen auf der anderen Seite. Abgesehen von Englisch als lingua franca zeigt sich, dass diese Sprachen, die allen Schüler*innen offen stehen, zumeist die klassischen Fremdsprachen sind: Französisch, Spanisch,

---

2 Diese Bezeichnung wurde bereits 1992 (!) anlässlich der Übernahme des muttersprachlichen Unterrichts ins Regelschulwesen aufgegeben, hält sich aber dennoch hartnäckig.

eventuell Latein oder Italienisch und bestenfalls mal Russisch. Hingegen lernen Bosnisch-Kroatisch-Serbisch, Türkisch und Arabisch nur jene Kinder im schulischen Kontext, die diese Sprachen bereits als Erstsprachen mitbringen. Dass ein primär deutschsprachiges Kind in der AHS z. B. Kurdisch oder Punjabi als lebende Fremdsprache lernt und in diesem Fach dann auch maturiert, ist in Österreich bislang unmöglich. Dabei könnten Sprachen, die Schulkolleg*innen der Lernenden sprechen, mit deutlich mehr Alltagsbezug und Übungsmöglichkeiten gelernt werden! Dass diese „migrantischen" Sprachen nicht den Status schulischer Fremdsprachen erreichen, liegt am sozialen Status ihrer Sprecher*innen: Sie gehören zumeist nicht den bildungssprachlichen Kontexten an, folglich werden ihre Sprachen nicht bildungssprachlich vermittelt (abgesehen davon, dass nicht einmal Lehramtsstudien für die meisten davon eingerichtet sind und somit schon die erste formale Hürde nicht genommen werden kann). Es wäre dringend an der Zeit, im ressourcenorientierten Sinn anzudenken, in welcher Weise sich die von den Kindern mitgebrachten „migrantischen" Erstsprachen ins schulische Lernen so einbauen ließen, dass alle Kinder (auch die mit deutscher Erstsprache) vom Umgang mit Mehrsprachigkeit profitieren, Interesse an Sprachen aufbauen, erste sprachvergleichende Lernschritte machen und metasprachliche Kompetenzen erwerben.

Wie sehr das mangelnde Prestige von Sprachen die Sprachentwicklung bremsen kann, zeigt sich besonders deutlich am Bespiel von Romanes: Beim Schuleintritt nach der Familiensprache befragt gibt kaum jemand an, daheim Romanes zu sprechen, vielmehr wird Serbisch oder Rumänisch als Familiensprache ausgegeben. Oft stellt sich erst Jahre später im Rahmen unterrichtlicher Sprachenprojekte (so es welche gibt) heraus, dass ein Kind daheim Romanes spricht. Niedriger Sozialstatus bewirkt hier eine Tabuisierung, eine Lehre, die viele Sprecher*innen dieser Sprache aus der Geschichte gezogen haben. Die eigene Mehrsprachigkeit positiv zu erleben, wäre nicht nur eine wichtige, sondern eine unverzichtbare Basis für erfolgreiche Sprachlernprozesse (vgl. z. B. Brizić 2007) – und Schule müsste durch entsprechende Gestaltung von Schulkultur und Unterricht dieses positive Erleben ermöglichen. Dabei geht es keineswegs um „Toleranz" im Sinne einer Kulturalisierung (die beliebten „Wir-essen-Baklava-und-sind-offen-für-Türkisch"-Feste), sondern um die qualifizierte Einbeziehung der Sprachen der Kinder in den Schul- und Unterrichtsalltag, das Aufgreifen von Mehrsprachigkeit als eine mitgebrachte Kompetenz, die für alle als Ressource nutzbar gemacht werden kann, z. B. indem „migrantische" Sprachen in den Fremdsprachenkanon aufgenommen werden und ihre Sprecher*innen somit die Rolle von Expert*innen übernehmen können.

Eine besondere Problemzone innerhalb der Großbaustelle Sprachförderung stellt der (neue) gesetzliche Rahmen für den schulischen Spracherwerb in Deutsch dar. Schon bisher konnten Kinder nur für zwei Schuljahre einen außerordentlichen[3] Status haben, d. h. einer Beurteilung in der neu zu erwerbenden Sprache Deutsch entgehen. Sind zwei Jahre angesichts des mehrere Jahre benötigenden Spracherwerbsprozesses ohnehin bereits viel zu kurz bemessen, wurde dieser Zeitraum nun zusätzlich zum „Trockenschwimmkurs" umdefiniert. In den von der letzten Regierung implementierten Deutschförderklassen werden Kindern in erheblichem Stundenausmaß (15 Stunden in der Primarstufe, 20 Stunden in der Sekundarstufe) von ihren Klassenkolleg*innen ferngehalten und einem strukturierten Sprachunterricht unterzogen. Zweifelsfrei bedarf es im Zweitspracherwerb nicht nur der Immersion, sondern auch einer strukturierten Vermittlung, jedoch variiert das so zu verplanende Wochenstundenausmaß vermutlich von Kind zu Kind je nach Lerntyp und bedarf in jedem Fall einer Peer Group, die für den Gebrauch der neuen Sprache motiviert und mit der die neue Sprache geübt werden kann. Für Quereinsteiger*innen ins österreichische Schulsystem bedeutet die Isolation in Deutschförderklassen außerdem die leider sehr realistische Gefahr, keinen brauchbaren Schulabschluss erreichen zu können. Wenn die Fortschritte im Deutschen nicht im ausreichenden Maße durch die verpflichtenden Sprachtests belegt werden können, müssen Kinder und Jugendliche das Schuljahr in der Deutschförderklasse wiederholen, verlieren ein weiteres Jahr, in dem sie in den verschiedenen Unterrichtsgegenständen auch Fachsprachen ler-

---

3   Kinder und Jugendliche, deren „Aufnahme als ordentliche Schüler wegen mangelnder Kenntnis der Unterrichtssprache nicht zulässig ist", sind gemäß § 4 Abs. 2 SchUG als außerordentliche Schüler*innen aufzunehmen und für die Dauer des außerordentlichen Status „unter Berücksichtigung ihrer Sprachschwierigkeiten" (§ 18 Abs. 9 SchUG) zu beurteilen.

nen würden und entfernen sich somit von Jahr zu Jahr mehr von der Chance, innerhalb der Pflichtschulzeit einen für den weiteren Lebensweg so notwendigen Schulabschluss zu erreichen.

60 bis 70 % der Weltbevölkerung sprechen mindestens zwei Sprachen, die EU fordert für ihre Bürger*innen Mehrsprachigkeit, aber Österreich hält an einem Schulsystem fest, das Mehrsprachigkeit abgesehen von leeren Bekenntnissen nur in geringem Maße schätzt und fördert. Auf der Großbaustelle Sprachförderung ist noch einiges zu tun.

Literatur

BiM – Bildung im Mittelpunkt GmbH (Hg.): Unsere Schule spricht viele Sprachen. Leitfaden für die Freizeitpädagogik.
https://www.bildung-wien.at/media/file/1756_BiM-Leitfaden_Mehrsprachigkeit_WEB.pdf

Brizić, Katharina (2007): Das geheime Leben der Sprachen. Gesprochene und verschwiegene Sprachen und ihr Einfluss auf den Spracherwerb in der Migration. Münster: Waxmann.

Bundesministerium für Bildung, Wissenschaft und Forschung (Hg.): Informationsblätter zum Thema Migration und Schule, Nr. 5/2019. Der muttersprachliche Unterricht in Österreich. Statistische Auswertung für das Schuljahr 2017/18. Wien 2019. Im Internet unter: http://www.schule-mehrsprachig.at/fileadmin/schule_mehrsprachig/redaktion/hintergrundinfo/pdfs/info5-2019.pdf

Expertenrat für Integration (2019): Integrationsbericht. Integration in Österreich – Zahlen, Entwicklungen, Schwerpunkte. Im Internet unter: https://www.bmeia.gv.at/fileadmin/user_upload/Zentrale/Integration/Integrationsbericht_2019/Integrationsbericht_2019.pdf (30.12.2019)

Gabi Lener

„LehrerInnenbildung neu" – ein Feld offener Fragen

Die Frage nach dem Wohin der Reise im Bildungssystem lenkt das Interesse nicht zuletzt auf die Ausbildung derer, die an der Basis des Bildungsalltags Schlüsselpositionen einnehmen: die Lehrpersonen. So groß die Hoffnungen auf eine Reform der Lehrer*innenbildung waren, so schnell wurde klar, dass eines der größten Probleme – nämlich die Teilung der Ausbildungsinstitutionen in Pädagogische Hochschulen (PH) und Universitäten – weiterhin bestehen bleibt. Somit wurde verabsäumt, die neue Lehrer*innenbildung auf eine gemeinsame institutionelle Basis zu stellen und damit schulartenübergreifende Entwicklungsspielräume zu eröffnen. Für Lehrkräfte im Primarbereich erfolgt die Ausbildung weiterhin an der PH, für die Sekundarstufe im universitären Verbund. Es stellt sich die Frage: Wenn wir von einer „Allgemeinen Pädagogik" ausgehen, also davon, dass Lernprozesse bei allen Menschen ähnlich verlaufen, wenn auch mit ganz unterschiedlichen Geschwindigkeiten und Ausprägungen, warum wurde dann nicht sinnvollerweise eine gemeinsame Grundausbildung für alle Pädagog*innen erwogen, die erst in einer weiteren Phase Spezifizierungen erfährt? Eine Ausbildung, die Elementarpädagogik ebenso beinhaltet wie Erwachsenenbildung, Berufsbildung wie Allgemeinbildung und Bildung für „Hochbegabte" ebenso wie für Menschen mit Lernschwierigkeiten? Zur Diskussion stünde hiermit das Menschenbild, das sich hinter einer schulstufen- und schulartenspezifischen Pädagogik verbirgt, die doch vielmehr erst in einem zweiten Schritt – nach der pädagogischen Grundausbildung – eine Frage entwicklungs- und lernfeldadäquater Didaktik sein müsste.

Generell wurde die Ausbildung der Pflichtschullehrer*innen von sechs auf acht Semester verlängert (240 ECTS statt bisher 180 ECTS); ein anschließendes Masterstudium (je nach gewähltem Schwerpunkt 60 bis 90 ECTS) ist, so man*frau in das vorgesehene Gehaltsschema gelangen möchte, verbindlich. Fragwürdig ist in diesem Zusammenhang keineswegs der Wille zur Höherqualifizierung, sondern eher der Zeitpunkt der Implementierung (Pensionierungswellen und daraus folgender Personalmangel).

Durch die Verlängerung und die damit verbundene Aufwertung der neuen Ausbildung sind laut Aussage von Prof. Gabriele Kulhanek-Wehlend von der PH Wien (bei einer Veranstaltung im Herbst 2017) Veränderungen in der Population der Lehramtsstudierenden erkennbar: Mehr Quereinsteiger*innen mit Erfahrungen aus anderen Berufs- und Lebensbereichen entscheiden sich, die Ausbildung berufsbegleitend zu absolvieren, was durch teilweise entstandene Freiräume bei der Zeiteinteilung erleichtert wurde. Gleich drängt sich wieder eine Frage auf: Von den so dringend im System benötigten und erwünschten Quereinsteiger*innen (nicht zuletzt aufgrund des Lehrer*innenmangels, aber auch als Motoren der Innovation), wie etwa von den Fellows im Rahmen der Initiative Teach For Austria,[1] hört man, dass die Ausbildung zwar berufsbegleitend machbar, aber mit ausgesprochen erheblichem Mehraufwand verbunden ist. Erschwerend kommt hinzu, dass Lehrgänge zur Nachqualifizierung (also das Nachholen des Sekundarstufenlehramts), etwa für die so dringend benötigten Teach For Austria-Fellows, in der halbwegs machbaren, berufsbegleitenden Variante derzeit nur jenen angeboten werden, die im Herkunftsstudium mit „Master" (oder Mag.) graduiert haben und mindestens zwei Jahre Berufserfahrung plus ein aufrechtes Dienstverhältnis vorweisen können. Personen mit Bachelorabschlüssen oder jene, die ohne Lehrerfahrung einen Berufswechsel erwägen, haben diese Möglichkeit nicht. Problematisch ist die Situation auch für Professionist*innen aus verwandten, aber „nicht lehramtsrelevanten" Berufsfeldern (z. B. Spezialist*innen für die Arbeit mit verschiedenen Gruppen von Menschen mit besonderen Bedürfnissen), die sich für einen Umstieg ins Schulsystem entscheiden: Mangels Lehramtsprüfung werden viele von ihnen in die Gehaltsgruppe für Maturant*innen eingestuft – nicht gerade ein Anreiz für einen Quereinstieg. Wenn Quereinsteiger*innen für das System so wichtig sind (was wohl unbestritten ist), wieso lassen sich dann nicht endlich auch Studiensysteme kreieren, die weniger Vorortpräsenz verlangen, z. B. Fernstudienmodule und Dispensprüfungsangebote?

---

1 vgl. https://www.teachforaustria.at.

Im Primarstufenstudium können verschiedene Schwerpunkte im 4. Semester kennen gelernt, danach gewählt und im Masterstudium vertieft werden. Einer dieser Schwerpunkte (neben Kreativität, Science and Health, Digitalisierung, sprachlicher Bildung u. a.) ist dem Thema „Inklusion" gewidmet, der im Masterstudium 90 ECTS umfasst (im Gegensatz zu den meisten anderen Masterstudien mit nur 60 ECTS). Anscheinend stößt dieser Schwerpunkt bei den Studierenden auf großes Interesse (zumal sie sich davon eine Erweiterung ihrer Einsatzmöglichkeiten erhoffen können) – ein Mangel an Absolvent*innen ist demnach nicht zu befürchten. Inklusion kann im Sekundarstufenstudium sogar als zweites Fach gewählt werden. Außerdem spielt Inklusion in allen Lehramtsstudien als Querschnittmaterie eine Rolle. Schade, dass trotz dieser Tatsache die vermeintliche Abschaffung des Sonderschullehramts von nicht unmaßgeblichen Vertreter*innen der Gewerkschaft immer wieder beklagt wird. Eine Abschaffung sonderpädagogischer bzw. inklusiver Qualifikationen entspricht offenbar nicht der Realität der neuen Studienpläne. Vielmehr erfreut, dass inklusive Pädagogik als Teil bzw. Schwerpunkt einer allgemeinen Pädagogik und nicht als Parallelqualifikation verstanden wird.

Als Sekundarstufenlehramt werden an der PH alle Fächer angeboten, die in der Mittelschule unterrichtet werden, weitere Fächer finden sich im analog aufgebauten Studienplan an der Universität. Ob (und falls ja, in welchem Ausmaß oder nur auf freiwilliger Basis) ein fachfremder Einsatz von Lehrkräften an Mittelschulen weiterhin möglich sein wird, ist noch nicht ganz geklärt; in der AHS ist er jedenfalls nicht vorgesehen. Und schon wieder müssen wir mit einer Frage einhaken: Wie soll die Zusammenstellung kleiner, eng kooperierender Teams, die für einen projektorientierten Unterricht unumgänglich wären, in der Sekundarstufe ohne fachfremden Einsatz funktionieren? Und wird insbesondere die AHS auf diesem Weg jemals vom Lernen im 50-Minuten-Takt hin zu einem ganzheitlicheren Rahmen für Lernprozesse gelangen können? Ganz abgesehen davon, dass eine Zweiteilung in AHS und Mittelschule ohnehin nicht unser Lieblingsmodell ist.

Die Schularten, in denen Lehrkräfte mit einer Ausbildung für die Sekundarstufe eingesetzt werden, reichen von der Mittelschule über die AHS (inkl. Oberstufe) bis zu berufsbildenden mittleren und höheren Schulen (BMHS). Für die Oberstufenformen ist ein Masterabschluss erforderlich, davor reicht der Bachelor. Es erstaunt, dass offenbar angedacht wird, die Lehramtsabsolvent*innen mit Bachelor zunächst an Mittelschulstandorten einzusetzen und nach dem abgeschlossenen Masterstudium in die höheren Schulen „weiterziehen" zu lassen. Glaubt man tatsächlich, dass für die Mittelschule weniger qualifizierte und weniger erfahrene Lehrkräfte „genügen"? Ganz entsprechend der in Österreich seit gefühlten Ewigkeiten tradierten Logik: „Je jünger die Kinder sind, desto weniger Ausbildung brauchen die Pädagog*innen" und dem meist stumm mitgedachten Nebensatz: „…desto weniger muss man ihnen bezahlen und desto mehr Frauen arbeiten traditionell in diesen Bereichen."

Die Bachelorarbeiten werden künftig etwas schmäler ausfallen als bisher, da ihnen ein geringerer Workload zugeordnet wird. Umfangreicher und wissenschaftlicher werden dafür die Masterarbeiten, was bei den an den Pädagogischen Hochschulen nicht immer wissenschaftserfahrenen Lehrenden eine besonders spannende Herausforderung wird.

Der Umfang der schulpraktischen Ausbildung wird nicht reduziert. Zumindest ein Mal während des Studiums müssen alle zukünftigen Sekundarstufenlehrer*innen ein Praktikum in der Mittelschule machen.

Ernannte Praxislehrer*innen können einstweilen weiterhin Studierende in der Schulpraxis ausbilden. Sollten sie in der Induktionsphase (die Zeit der Erstanstellung nach absolviertem Bachelorstudium mit berufsbegleitendem Masterstudium) als Mentor*innen tätig werden wollen, müssen sie mittelfristig einen Hochschullehrgang mit 60 ECTS (Einsatz bereits ab 30 ECTS) abschließen.

Offen bleibt die Frage nach Studieninhalten, wie etwa Mehrsprachigkeit als Ressource, Freizeitpädagogik, gendersensible Pädagogik, politische Bildung und andere mehr, besonders aber die Frage nach der gesellschaftlich-politisch-historischen Verortung der von den Studierenden angepeilten Rolle als Lehrkraft. Eine aktive Auseinandersetzung mit dieser Rolle wäre nicht nur von Interesse bezüglich Burn-Out-Prävention (wer Möglichkeiten und Grenzen besser kennt, kann die eigenen Kräfte und Ressourcen zielgerichteter einsetzen), sondern wäre vor allem eine Basis für ein Rollenverständnis, das über die bloße Vermittlungsfunktion von Wissen und Fertigkeiten hinausgeht. Kritische Lehrpersonen können sich im Staatsapparat Schule verorten, wissen um historische Bedingtheiten und politische Zusammenhänge und gehen den Schulalltag nicht nur pädagogisch, sondern auch soziologisch an, vernetzen sich mit anderen Expert*innen und berücksichtigen die sozialen, ökonomischen und sprachlichen Lebensumstände ihrer Schüler*innen. Wird die „LehrerInnenbildung neu" auf diese Bereiche ausreichend eingehen?

Volker Schönwiese

Open Space: Inklusives Lernen

In den Arbeitsgruppen wurden drei Forderungen für die Entwicklung inklusiven Lernens diskutiert. Es zeigte sich, dass es in allen drei Bereichen großen Bedarf an Auseinandersetzung gibt, der den Rahmen von Open Space sprengt und auf die Notwendigkeit weiterer und vertiefender Veranstaltungen verweist.

1. Die Repräsentation von Behinderung im Unterricht

Anhand von drei Karikaturen – siehe unten – wurde die Aufgabe gestellt, die Erwartungen und Bilder der dargestellten Lehrerin, der „nichtbehinderten Kinder" und des symbolisch dargestellten „behinderten Kindes" – jeweils getrennt nach den Identitätskategorien Selbstbild, vermutetem Fremdbild und Fremdbild – zu analysieren (vgl. Markowetz 2000). Dabei sollten Erlebnisse und Geschichten aus den eigenen pädagogischen Alltagserfahrungen eingebracht werden.

Die Karikaturen wurden in den 1980er Jahren in der Lehrerfortbildung in Italien verwendet (Gidoni/Landi 1990) und sind Teil der Ideen- und Konzeptgeschichte inklusiver Bildung.

Bild 1: Die Lehrerin stellt sich ihre Idealklasse vor.

Bild 2: Die Lehrerin vor der wirklichen (realen) Klasse

Bild 3: Die Lehrerin vor dem behinderten Kind

2. Einschätzung von Methoden und Angeboten zur speziellen Förderung und Begleitung von Kindern und Jugendlichen mit Behinderungen

Es gibt in Österreich großen Entwicklungsbedarf, was die Unterstützung von behinderten Kindern, Jugendlichen und Erwachsenen (Männern und Frauen) betrifft. Nicht zuletzt die Empfehlungen des

UN-Menschenrechts-Komitees zur Umsetzung der UN-Behindertenrechtskonvention in Österreich belegen das. Dies betrifft etwa die Art, Menge, Qualität, Verteilung und Steuerung des Angebots unterschiedlicher Ansätze von „Förderung" und Therapie sowie Unterstützung und Begleitung. Viele Fragen stellen sich bei der Einschätzung von Theorie und Praxis von etablierten Förder- und Therapieprogrammen (z. B. Logopädie, Ergo- und Physiotherapie, oder Förderprogramme bei „Legasthenie" usw.), noch mehr und kritische Fragen gibt es zur Einschätzung des immer größer werdenden Marktes an Vorgehensweisen, Konzepten und Methoden (Schönwiese 2018). Geforderte oder angebotene „Förder- und Therapieprogramme" betreffen unmittelbar schulische Inklusion und professionelle Begleitung im Rahmen der Behindertenhilfe. Es geht um Fragen wie:

Wird die Eigenaktivität der unterstützten, geförderten oder therapierten Person angeregt?

Wie weit ist das Vorgehen an einzelnen Symptomen/Förderbedarfen oder systemisch orientiert?

Wie weit ist ein Reiz-Antwort-Konzept (Stimulus-Response-Modell) dominant oder ein Dialog-Konzept?

Wird die Motivation der unterstützten, geförderten oder therapierten Person gestärkt?

Erfordert die angewandte Methode Institutionalisierung/systematischen Aufenthalt in einer Einrichtung oder ist sie an Alltagshandeln und Gemeinwesen/Inklusion orientiert?

3. Verwendung des Index für Inklusion in Österreich

Es stellten sich folgende Fragen:

Wie weit ist der international verwendete „Index für Inklusion – Lernen und Teilhabe in der Schule der Vielfalt entwickeln" (Achermann 2017) in Österreich bekannt?

Was würde passieren, wenn Sie in Ihrer Bildungseinrichtung (als Lehrperson, als Eltern/teil oder an Bildungsentwicklung interessierte Person …) die Arbeit mit dem Index für Inklusion vorschlagen würden?

Was könnten Sie tun, um Schulentwicklung mit dem „Index für Inklusion" in Gang zu bringen?

Warum wird der Index für Inklusion in Österreich so wenig verwendet? (rühmliche Ausnahme: Volksschule Wiener Neudorf – vgl. http://www.wiener-neudorf.gv.at/inklusion.html)

Literatur

Achermann, Bruno u. a. (Hg.) (2017): Index für Inklusion: Ein Leitfaden für Schulentwicklung. Weinheim: Beltz. 2. korrigierte und aktualisierte Auflage 2017.

Gidoni, E. Anna/Landi, Nerina (1990): Therapie und Pädagogik ohne Aussonderung. Italienische Erfahrungen. Im Internet unter: http://bidok.uibk.ac.at/library/gidoni-italien.html [11.06.2019]

Markowetz, Reinhard (2000): Identität, soziale Integration und Entstigmatisierung. Im Internet unter: http://bidok.uibk.ac.at/library/gl3-00-identitaet.html [06.03.2019]

Schönwiese, Volker (2018): Diskussionspapier/Handreichung zur Einschätzung von Angeboten und Strukturen in der Begleitung und Unterstützung von Menschen mit Behinderungen. Unveröffentlichtes Arbeitspapier (15 Seiten).

Selma Schacht

Ganztägige Schule & Freizeitpädagogik: Bildung im Mittelpunkt – aber welche?

In Wien sind über 1.500 FreizeitpädagogInnen an 125 ganztägigen Volksschulstandorten, in verschränkter (Ganztagsvolksschule) oder getrennter Form (Offene Volksschule), tätig. Angestellt sind sie bei der „Bildung im Mittelpunkt GmbH" (BiM, https://www.bildung-wien.at), einer privaten Firma im 100%igen Eigentum der Stadt Wien. In Hochglanz und neuerdings (nach über 20 Jahren...) auch in pädagogischen Leitlinien wird von der *„Förderung durch qualitativ hochwertige Freizeitbildungsangebote"* gesprochen, und dass die *„schulische Tagesbetreuung integrativer Bestandteil des pädagogischen Gesamtkonzeptes des jeweiligen Schulstandortes darstellt"*.

Wenn man den FreizeitpädagogInnen zuhört und sich in die Praxis begibt, sieht das schon ganz anders aus. Die PädagogInnen fühlen sich oftmals als „Wurmfortsatz", der als Störfaktor angesehen wird, als „Taxi", welches Kinder in der Schule zwischen den Unterrichtseinheiten von A nach B bringt, oder, etwas wohlmeinender formuliert, als „Unterstützung" oder „Ergänzung" für das Hauptaugenmerk Unterricht.

Doch Freizeitpädagogik ist eine eigene Profession mit einer eigenen Professionalität, die – wenn sie ernst genommen wird – als eigenständiger und gleich gewichteter Faktor im System Schule akzeptiert werden muss.

Frühere Ganztagsschulmodelle und -versuche haben diese nicht als klassische Unterrichtsschule plus dem (Farb)Klecks Freizeit gesehen, sondern als Grundkonzept einer bunten Gemeinsamkeit von formeller und informeller Bildung. Davon sind wir in der aktuellen bildungspolitischen und politischen Debatte weit entfernt. Nicht nur wenn es um Ressourcen geht – Ganztagsschule wird de facto nur dafür finanziert, um die Berufstätigkeit der Eltern (v.a. der Mütter) aufrechterhalten zu können – sondern auch, wenn es um Prioritäten im Schulalltag geht, um Schulhierarchien von Personen und Tätigkeiten.

Was machen FreizeitpädagogInnen eigentlich?

In den Lehrplänen sind die so genannten „Betreuungspläne" verankert, die somit gesetzliche Vorgaben für den Betreuungsteil der ganztägigen Schule formulieren.[1] So heißt es von Seiten des BMBWF: *„Im Freizeitteil erfolgt die Förderung der kreativen, künstlerischen, musischen und sportlichen Begabungen durch pädagogisch geschultes Personal."* Ähnlich wie an LehrerInnen wird an FreizeitpädagogInnen also der Anspruch eines Wunderwuzzi gestellt (bei derzeit vier Vorbereitungsstunden pro Woche).

Laut Verordnung hat die Angebotspalette insbesondere folgende Bereiche zu berücksichtigen (stark gekürzt, mit Anmerkungen der Autorin in Klammern):

- *Bewegung*: Dafür sind geeignete und zur Verfügung stehende Außen- und Innenbereiche einzubeziehen (das „zur Verfügung stehen" ist aber oft das Problem…)
- *Schulische Kulturarbeit*: Theater, Instrumentalmusik, Chor, Tanz, Spielpädagogik, Medienpädagogik, Erlebnispädagogik, kreatives Gestalten, Werken, Malen, Zeichnen usw. (also alles und noch mehr…)
- *Soziales Lernen*: Entwicklung von Kontaktfähigkeit, Toleranz, Konfliktmanagement, Interreligiosität usw. als Beiträge zu Inklusion, Friedenserziehung, Gewaltprävention, politischer Bildung u.ä. (und das bei bis zu 25 Kindern mit einer PädagogIn…)
- *Weitere Leistungen*: positive Lesekultur und Leseatmosphäre, Persönlichkeitsbildung, geschlechterbewusste Pädagogik, Freizeitverhalten ohne Leistungs- und Konkurrenzdruck, Freiräume und Erholungsphasen zur selbständigen Ausgestaltung. (Letzteres scheitert oft am Druck von Direktionen und Eltern nach permanenter Animation für die Kinder.)

Was ist das besondere an den FreizeitpädagogInnen der BiM?

Die PädagogInnen der BiM in Wien bringen vieles von dem mit, woran es der Schule sonst grundsätzlich mangelt. Ein Großteil hat vor der (freizeit)pädagogischen Ausbildung eigentlich eine andere

---

1 Vgl. https://www.bmbwf.gv.at/Themen/schule/schulsystem/gts/betreuungsplan.html

berufliche Ausbildung absolviert und oftmals in ganz anderen Branchen auch Berufserfahrung erworben. Dadurch bringen die KollegInnen durch vielfältige Joberlebnisse, Betriebsrealitäten, Lebensabläufe, auch Rückschläge wie Arbeitslosigkeit u. a., ein Maß an Lebenserfahrung mit, mit dem der überwiegende Großteil der LehrerInnenschaft nicht mithalten kann. Die „klassische" Karriere von DiplompädagogInnen „Schule-Uni-Schule" ist bei FreizeitpädagogInnen nur selten zu finden. Das ist jedoch ein nicht zu unterschätzender Vorteil bei der Arbeit mit Eltern, deren Background nicht dem klassischen Bildungsbürgertum entspricht, da sie knallharter kapitalistischer Ausbeutung ausgesetzt sind.

Genauso verhält es sich mit dem riesigen Fundus an sprachlichem und kulturellem und internationalistischem Wissen, das die BiM-FreizeitpädagogInnen in den Schulalltag (kostenlos) mitbringen. Es werden wohl mindestens zwei Drittel mehrere Sprachen sprechen bzw. fließend mehrsprachig sein und kulturelles, religiöses und kosmopolitisches Wissen durch eigene oder familiäre Migration mitbringen, was auch die Lebensrealitäten der Kinder widerspiegelt. Es spricht auch Bände über den bisherigen Umgang der politisch Verantwortlichen, dass man keine fundierten Daten zu dieser Berufsgruppe vorfindet, sondern auf Schätzungen zurückgreifen muss.

Der Darstellung der Eckdaten müsste nun eigentlich ein noch längerer Teil mit einer Analyse des Ist-Zustands folgen, der platzbedingt aber wohl auf eine zukünftige Nummer der schulheftе verschoben werden muss. Ziel muss jedenfalls sein, irgendwann endlich dorthin zu kommen, was jetzt schon versprochen wird: „*Die Freizeitpädagogik im Kontext Schule verfügt über die Möglichkeit, offene und bedürfnisorientierte Lern- und Erfahrungsräume zu schaffen, die auf Freiwilligkeit und Freude, Spiel und Spaß, sowie Identitätsbildung, Individualität und Vielfalt basieren.*" (Kapitel „Bildungsverständnis" in den Pädagogischen Leitlinien der BiM GmbH)[2]

---

2 https://www.bildung-wien.at/home/ueber-uns/paedagogischeleitlinien

Krasse Gegensätze – Halbtagsschule und Ganztagsschule
Publikumsbeiträge aus der Podiumsdiskussion

Verena Corazza: Ich möchte noch das Thema „Halbtagsschule" und „ganztägige Schulen" einbringen. Diese parallelen Formen sind ein Mittel der Segregation. Das ist Tatsache, zumindest in Wien, Bundesländerzahlen kenne ich nicht. Es betrifft eher Volksschulen, wo ja Betreuung für Kinder berufstätiger Eltern notwendig ist. Aber auch im Sekundarbereich, auch bei Integrationskindern in der Inklusion, wo es fast keine Betreuungsangebote gibt, und „besondere" Kinder deshalb in so genannte S-Schulen gehen müssen. Wenn wir eine gemeinsame Schule wollen, müsste das Thema „Ganztägigkeit" mit Schulgeldfreiheit mitgedacht werden. Denn alles andere, was es im Moment gibt, führt genau zu dem, dass in den einen Schulen Kinder mit Eltern sitzen, die alle arbeitslos sind und in den anderen Schulen Kinder von Eltern, die berufstätig sind, und das macht etwas mit der Schule.

Robert Müller: Es wird für die Eltern, die ein behindertes Kind haben, in den Ferien noch schwieriger, einen Betreuungsplatz zu finden, und, was auch nicht erwähnt wurde: Warum gibt es für Kinder mit Behinderung kein elftes und kein zwölftes Schuljahr?

Josef Reichmayr: Wie Karl Heinz Gruber gesagt hat: Bei den katholischen Privatschulen – weil pädagogisch inspirierte Privatschulen gibt's ja auch, aber die haben keineswegs eine garantierte Unterstützung des Staates – werden Gebühren lediglich auf dem gleichen Niveau verlangt, wie sie von den öffentlichen Ganztagsschulen, wenn Eltern Vollzahler sind, knallhart einkassiert werden. Wer nicht zahlt, verliert nach drei Monaten den Schulplatz. Natürlich gibt es in Wien Staffelungen beim Kostenbeitrag, da müssten die Leute aber auch in der Lage sein hinzugehen zur zuständigen Stelle, und man müsste sie notfalls begleiten. Außerdem geht es um die Wahrnehmung und Anerkennung der Freizeitpädagog*innen, z. B. beim Stimmrecht im Schulforum. Es wird der einzelnen Schule nicht einmal zugetraut, dass sie sich eine eigene Art Verfassung gibt. So weit ist der reale und nachhaltige Entmündigungsstand.

Sibylle Hamann: In dem Moment, wo der Ganztag der Standard in der Schule ist, eröffnen sich ganz neue Räume, auch was Deutsch und Sprache, Integration in andere Richtungen betrifft. Man würde sich den ganzen Krampf mit den Deutschförderklassen sparen, wenn man die Förderung integrativ über den ganzen Tag verteilt und einzelne Lerngruppen organisiert.

Sabrina Dorn: Man sollte sich für ein Modell entscheiden, für die Ganztagsschule, weil hier der Bildungsaufstieg für Kinder aus Nicht-Bildungs-Haushalten einfacher ist. Weil man die Bildungsverantwortung zu einem großen Teil aus dem elterlichen Haushalt herausschält. Weil ab einem gewissen Punkt macht es einen Unterschied, ob man zu Hause jemanden zum Fragen hat, weil man etwas nicht versteht, und ob man dann die Akademiker-Mami daheim sitzen hat oder die Reinigungskraft. Im Sinn sozialer Gerechtigkeit sollte die Ganztagsschule das Standardmodell in Österreich sein.

Regina Grubich-Müller: Nachdem Sprache Wirklichkeit schafft, wünsche ich mir, vom Begriff „Ganztagsschule" weg zu kommen, weil wir da immer „Ganztagsschule, Zwangstagsschule" im Hinterkopf haben. Derzeit spricht man korrekterweise von „Schule mit Tagesbetreuung" oder „Tagesangebot". Ich habe erst vor Kurzem massive Elternbeschwerden erlebt. Eltern, die so tun, als täten Kinder in der Früh aufstehen und um acht am Abend nur zum Schlafen wieder heimkommen. Das ist aber nicht wahr, denn Ganztagschule ist um 15:30 Uhr vorbei. Und alle Aktivitäten, die Eltern mit Kindern noch während der Woche machen könnten, wenn sie dazu Zeit hätten, hätten ja trotzdem noch Platz. Es ist ein falsches Bild, das da gezeichnet wird. Ich wünsche mir, dass dieses Bild, dass eine Schule mit Tagesbetreuung Eltern von ihren Kindern während der Woche entfremdet, aus den Köpfen entschwindet.

Sibylle Hamann: Wir sind thematisch eigentlich auf der Suche nach Schwungrädern, um etwas in Bewegung zu bringen, vielleicht auch jenseits der sehr eingefahrenen politischen Lager. Ob nicht die Ganztagsschule etwas wäre, wo wir tatsächlich ein klassenübergreifendes – „Klassen" im Sinne von sozialen Klassen – Interesse haben? Im Bedürfnis nach einer qualitativ hochwertigen ganztägigen Betreuungsform für die Kinder treffen sich unterprivilegierte Menschen und sehr privilegierte Menschen. Die Forderung habe ich politisch selten gehört, auch nicht von Seiten der Wiener SPÖ, wahrscheinlich aus einem gewissen „Eigeninteresse", weil es da um viel Geld geht, aber auch selten von Elterninitiativen.

Josef Reichmayr: Bei der Ganztagsschule sind wir schon wieder bei dieser Wahlfreiheit. Das ist offenbar ein Geisterbegriff in Österreich, das hat uns natürlich die ÖVP massiv eingebrockt, auch beim Modell der WMS. In Wirklichkeit wird der Status quo damit betoniert.

Barbara Falkinger, Ilse Rollett

Von Nahtstellen und Schnittstellen

Das österreichische Schulsystem ist vor allem durch die frühe Trennung der Schüler_innen nach vier Schuljahren ein hochselektives. Dies wurde und wird in den zur Zeit geführten Diskussionen auf politischer Ebene und durch bereits beschlossene Gesetze in der türkis-blauen Regierungszeit weiter verfestigt bzw. sichtbar gemacht – für jene, die es sehen wollen. Die Selektionsmechanismen bedienen die Idee der Elitenbildung und schließen sozial benachteiligte Bevölkerungsgruppen sukzessive aus. Nach wie vor sind der Bildungsgrad und der sozioökonomische Status der Eltern für die Bildungslaufbahn der Kinder sehr entscheidend. Gut ausgebildete bzw. aufstiegsorientierte Eltern in den urbanen Zentren wollen um jeden Preis vermeiden, ihre Kinder in eine Neue Mittelschule (NMS) zu schicken. Umgekehrt schaffen es sozial benachteiligte Familien und uninformierte Eltern nur schwer, ihre Kinder auch bei vorhandener Begabung in einer höheren Schule unterzubringen. Die oft beschworene Durchlässigkeit des österreichischen Schulsystems existiert nur auf dem Papier, denn sämtliche statistischen Befunde (z. B. der Nationale Bildungsbericht) weisen darauf hin, dass in Österreich Bildung vererbt wird. Kein anderes Land in Europa (abgesehen von ein paar deutschen Bundesländern) trennt die Schüler_innen im Alter von zehn Jahren.

1. Aktuelle Befunde

Mittlerweile verstärkt sich der Druck allerorts: Die für die Aufnahme in eine allgemein bildende höhere Schule (AHS) notwendigen Einser oder Zweier in Deutsch und Mathematik im Halbjahreszeugnis der 4. Klasse der Volksschule müssen vorbereitet werden, und häufig klagen Kinder schon in der 2. oder 3. Klasse über steigenden Druck. Dies spüren auch die Lehrer_innen und die Eltern. Auf der Strecke bleiben zunehmend Kinder in ihrer Vielfalt, vor allem jene, die – aus welchen Gründen auch immer – mehr Zeit für ihre Entwicklung brauchen.

Es darf also nicht verwundern, dass die Aufnahmewoche für die AHS im Februar für viele Familien hochdramatisch ist: Wird es überhaupt den Platz an der Wunschschule geben, auch wenn das Zeugnis passt? Darf mein Kind überhaupt ins Gymnasium, obwohl es in Deutsch einen Dreier hat? Hyperventilierende Eltern, Volksschullehrer_innen, die dem Elterndruck unterschiedlich standhaltenden, verzagte Kinder. Da Schüler_innen mit einem Dreier in Deutsch oder Mathematik in der 1. Aufnahmerunde gar nicht berücksichtigt werden dürfen, gibt es an überlaufenen Schulen kaum Chance auf die Aufnahme von Kindern mit einem so genannten Migrationshintergrund, mit noch vorhandenen Deutschdefiziten, mit Lese-Rechtschreibschwäche o. Ä. Dies schränkt natürlich die Vielfalt der in Betracht kommenden Schulen erheblich ein, und die Mittelschulen werden zu „Restschulen" – vor allem in der öffentlichen Wahrnehmung in urbanen Zentren.

Die Frage, was das mit dem Selbstwert und dem Entwicklungspotenzial eines neunjährigen Kindes macht, wird wenig gestellt – und auch nicht die Frage, was das mit den Eltern macht, die nun wissen, dass ihr Kind nicht gut genug ist.

2. Veränderungen durch das Pädagogikpaket der letzten Regierung

Im Schuljahr 2019/20 starteten einige Schulen im Rahmen eines Schulversuchs mit dem Mittelschulkonzept. Ab dem Schuljahr 2020/21 werden alle Neuen Mittelschulen (NMS) zu Mittelschulen (MS). In der Volksschule sollen durch die Einführung von kompetenzorientierten Bewertungsrastern klare und nachvollziehbare Kompetenzzuschreibungen erfolgen können. Noten werden ab der zweiten Klasse wieder verpflichtend, und das Sitzenbleiben ist – als pädagogisch sinnvolle Maßnahme (?!?) – wieder möglich. Die individuelle Kompetenz- und Potenzialmessung (IKPM) in der 3. Klasse soll Lehrkräften und Eltern zur Orientierung dienen, ist aber wohl nichts anderes als ein neues standardisiertes Testinstrument. In diesem Zusammenhang gibt es berechtigte Befürchtungen einer Wiedereinführung von Aufnahmsprüfungen für die AHS.

In der Mittelschule (MS) werden Schüler_innen ab der 6. Schulstufe nun nach dem Standard- oder nach dem Standard-AHS-Lehrplan unterrichtet und beurteilt. Eigentlich bedeutet das die Wiedereinführung von Leistungsgruppen, womit zu befürchten ist, dass die Durchlässigkeit zwischen den Schultypen weiter verringert wird.

3. Wenn aus Hoffnungen Widersprüche werden

Vor ein paar Jahren gab es die Hoffnung, dass durch die gemeinsame Ausbildung bzw. durch ein neues gemeinsames Gehaltsschema der Pädagog_innen eine Annäherung der beiden Schultypen folgen könnte. Da aber erst das Masterstudium zum Unterricht an der AHS-Oberstufe berechtigt, wird wohl die Bereitschaft von AHS-Direktor_innen, Bachelors anzustellen, gering sein und somit die Mittelschule zur Lehrwerkstätte für Junglehrer_innen mit Bachelor-Abschluss werden, die sich nach abgeschlossenem Masterstudium um einen Platz in der prestigeträchtigen AHS reißen werden. Im Rahmen der Schulautonomie wird Schulen zwar ermöglicht, individuelle pädagogische Rahmenbedingungen und Schwerpunkte zu schaffen. Gleichzeitig sind sie aber mit strengsten bürokratischen Vorgaben konfrontiert, die die pädagogischen Freiräume sofort wieder einschränken. Der Ausbau eines einheitlichen Bildungsmonitorings bei gleichzeitig fehlender sozialindexbasierter Ressourcenzuteilung kann für Schulen mit benachteiligten Schüler_innen zur Überlebensfrage werden.

4. ... und immer wieder fordern wir

- eine gemeinsame Schule der Sechs- bis 15-Jährigen, ohne Selektion und ohne Segregation.
- Eine gemeinsame Ausbildung der Pädagog_innen muss auch einen gemeinsamen Einsatz bedingen und garantieren.
- Rücknahme sämtlicher Regelungen, die zusätzliche Selektion nach sozialer und ethnischer Herkunft forcieren,
- Rücknahme des Pädagogikpakets, insbesondere in den Punkten Notengebung in der Volksschule und Beurteilung nach zwei verschiedenen Lehrplänen in der Mittelschule.
- Die positiven Aspekte der Schulautonomie dürfen nicht durch bürokratische Maßnahmen im Pädagogikpaket unterwandert und undurchführbar gemacht werden.

- Keine Aufnahmsprüfungen und standardisierten Prüfungen als Selektionsinstrument!

Quellen

Nationaler Bildungsbericht:
https://www.bifie.at/wp-content/uploads/2019/03/NBB_2018_Band1_v2_final.pdf
Informationen zum Schulrecht:
https://bildung.bmbwf.gv.at/schulen/autonomie/autonomiehandbuch.pdf?6qtgd6
Informationen zum Pädagogikpaket: https://www.spz.at/paedagogik-paket-oesterreich-das-aendert-sich-2019-an-oesterreichs-schulen/

Die Interessen der AHS-Lehrer*innengewerkschaft
Beitrag aus der Podiumsdiskussion

Karl Heinz Gruber: Wir haben noch einen kleinen, bisher nicht erwähnten „Elefanten" im Raum: die AHS-Lehrergewerkschaft, die wohlorganisierten Interessen der Gymnasiallehrerschaft. Bei einer Veranstaltung in Tirol ist mir klar geworden, dass das Gymnasium für manche kleinere Städte ein identitätsstiftendes Element ist. Auch in anderen Ländern, selbst in dem von mir so lang verfolgten Schweden, haben die vergleichbaren „gymnasialen Lehrer" quasi gestreikt gegen die Reformen, hatten aber gegenüber der großen politischen Mehrheit keine Chance, weil nämlich die Landarbeiter, die Bauernbünde, haben sich von einer gemeinsamen Schule mehr Bildungsförderung, weiterführende Bildung erwartet, und das ist auch eingetreten. Es gab eine große Lobby über die Sozialdemokratie hinaus. Die österreichischen AHS-Lehrer befürchten nun, mit unlösbaren Aufgaben konfrontiert zu werden. Nun gibt es diese neue Sekundarschullehrerbildung, wo allerdings klar geworden ist, dass die Vergesamtschulung durch die Lehrerbildungshintertür nicht kommen wird, weil ja die neuen „Bachelor-Lehrer" nur in der Unterstufe oder Sekundarstufe 1 unterrichten werden dürfen, und nur die Magister in der Oberstufe unterrichten.

Franz Ryznar, Ursula Spannberger

Raumautonomie
Wer bestimmt über den 3. Pädagogen?

Zivilgesellschaftliche Gruppierungen übernahmen seit den 1990er Jahren einen Teil der bildungspolitischen Diskussion. Mit starker Ausstrahlung auf Österreich wirkte dabei das in Deutschland gegründete Archiv der Zukunft. Hierzulande waren und sind es Initiativen wie Bildung Grenzenlos, Jedes Kind, Schule im Aufbruch oder die finanzielle und moralische Unterstützung der Köck-Stiftung. Alternativschulen, die Montessoribewegung oder „COOL – Cooperation Offenes Lernen" tragen im Bereich der pädagogischen Praxis viele Modelle bei, deren Anwendung im autonomen Entscheidungsbereich der Pädagog_innen liegt.

Die Auswirkungen dieser Bewegungen auf die dafür geeignete Gestaltung von Bildungsräumen folgten zwangsläufig. Schulneu- und -umbauten konnten nicht länger unhinterfragt die seit ca. 200 Jahren geltende, klassische Formensprache des Schulwesens – Klasse-Gang-Konferenzzimmer – reproduzieren. Initiativen in Südtirol oder das Aufgreifen des Themas durch die Montag Stiftung in Bonn waren Vorboten ähnlicher Bewegungen in Österreich. Wie in vielen Städten standen auch in Wien bau- und sicherheitstechnische Sanierungen von Bestandsschulen an. Die Nichtberücksichtigung pädagogischer Anforderungen im Schulsanierungsprogramm 2007 war ein Impuls zur Bildung einer Arbeitsgruppe von Pädagog_innen, Architekturschaffenden und Personen aus der Schulbauverwaltung. 2010 veröffentlichte die Plattform „schulUMbau" ihre „Charta für Bildungsbauten des 21. Jahrhunderts".[1] Vom großen gesellschaftlichen Zusammenhang bis zum konkreten Bildungsraum waren Mitbestimmung und Veränderungen der Lernkultur wichtige Grundsätze dieses theoretischen Programms für die Gestaltung neuer Bildungsräume. Weitere Initiativen und markante Diskussionsbeiträge zum Wechselspiel von Raum und Pädagogik folgten. In

---

1 http://www.schulumbau.at/charta.asp

Österreich beteiligten sich Personen der Initiativen „schulUMbau" und „Schulraumkultur" (Kunstuniversität Linz) sowie der TU Innsbruck an der Gründung des länderübergreifenden Verbands „PULS". Das führte zur Erlangung einer Erasmus+-Förderung für das derzeit laufende Projekt „PULS+ Lernen und Raum entwickeln".

Im Zusammenhang mit der politisch gewährten Schulautonomie stellt sich aktuell die Frage, welche Entscheidungsfreiheiten es in Bezug auf Bildungsräume für Pädagog_innen gibt. Eine mögliche Sicht auf die Mitbestimmungsmöglichkeiten der Nutzer_innen kann die Betrachtung an Hand von vier Raumdimensionen bieten.

1. Gebauter Raum – Partizipation ist möglich

Beim Neubau, der Erweiterung oder Sanierung von Bildungsbauten ist das Mitdenken neuer pädagogischer Herausforderungen und Möglichkeiten unabdingbar. Das „Einbetonieren" alter Bildungsstrukturen in den schon genannten räumlichen wie pädagogischen Formen führt geradewegs in eine räumliche Fehlproduktion, eine rein technische Sanierung in den pädagogischen Stillstand für weitere Jahrzehnte. Vorgeschaltete und begleitende Beteiligungsprozesse zeigen mittlerweile an den auf ihrer Grundlage realisierten Projekten, dass sich neue Lernkultur in der Architektur widerspiegelt. Verfahren und Vorhaben der Gruppe „nonconform" oder RAUM.WERTprozesse[2] des Architekt_innenteams Spannberger/Ryznar zeigen an mittlerweile einem Dutzend in Österreich umgesetzter Projekte die positive und motivierende Wirkung auf die jeweiligen Bildungseinrichtungen (z. B. Kindergarten Moosburg, die Volksschulen in Kappl und Landeck, Bildungszentren in Leoben, Radstadt und Neustift).

Aufgeschlossene Gemeinden lassen sich überzeugen und fördern in weiterer Folge solche Verfahren. In Tirol ermutigte eine finanzielle Unterstützung des Landes etliche Gemeinden und erleichterte ihnen, den Schritt in die Mitbestimmung zu wagen. Auf Seite der Nutzer_innen braucht es oftmals einen langen Atem, um ein Beteiligungsverfahren zu installieren und durchzuführen. Selbstermächtigung und beharrlicher Einsatz sind hier die Devise.

Zum gestalteten Innenraum gehört auch die Möblierung. Mitbe-

---

2 http://include-initiative.org/raumwert/

stimmung der Nutzer_innen bei der Planung und Anschaffung von Möbeln bedarf – wie bei der Gestaltung der Gebäude – eines intensiven Entscheidungsprozesses. Über die Aufstellung und Verwendung der Möbel können weitgehend die Nutzer_innen selbst bestimmen, wenn es innerhalb der Teams dazu Einigkeit gibt. Tischreihen, Tischgruppen, Sesselkreis oder ein mittiger Teppichkreis geben ein Bild der jeweils vorherrschenden Lernstrukturen wieder.

2. Außenraum – von der Partizipation bis zur autonomen Entscheidung

Von Bildungseinrichtungen und deren Pädagog_innen teilweise beeinflussbar ist die Nutzung von Außenräumen. Die Einbeziehung von Dorf-, Stadt- und naturnahen Räumen im schulischen Umfeld bietet riesige Potenziale für aktuelle Bildungserfordernisse. Hilfreich ist (nicht nur dafür) die Auflösung starrer Stundentafeln, damit längere Wege möglich werden. Im Übrigen sind auch Wege vielfältige Lernräume.

An Hand eines RAUM.WERTprojekts in Wien-Josefstadt (NMS Pfeilgasse) zeigt sich, dass auch die Neugestaltung der Schulinnenhöfe unter großer Beteiligung der Nutzer_innen – und das meint stets auch die Schüler_innen – möglich ist. So wurde unter anderem die von Kindern und Jugendlichen eingebrachte Idee eines Baumhauses realisiert und wird dementsprechend gerne genutzt.

Oftmals langwierig, aber ebenfalls lohnend ist die Schaffung und Zuordnung eines schulischen Außenbereichs in Entfernung zum Schulstandort. Ein Stück Auwald an der Donau (Lernen unter Sternen/Integrative Lernwerkstatt Brigittenau) oder der Burgerhof – ein schulzugeordneter Bauernhof (Bildungsverbund Welsberg/Südtirol) sind Leuchttürme außerschulischer Bildungsräume. Zustande gekommen sind sie durch die fordernde Beharrlichkeit von Schulgemeinschaften.

3. Sozialer Raum – weitestgehende Autonomie

Kommunikations- und Lernstrukturen – Klasse, Lerngruppe, Kleingruppe, Arbeitspaarungen oder die Kreisform im Gegensatz zur klassischen „Kathederklasse" – wurden schon im Zusammenhang mit der Möblierung thematisiert. Entscheidungen in diesem Bereich liegen fast ausschließlich im autonomen Bereich der Pädagog_innen. Es geht um die bewusste Auswahl und den Wechsel der Settings für differenzierte Lernstrukturen. Es ist spannend, in diesem Feld zu experimentieren und die je nach Lernform optimale räumlich-soziale Form zu finden. Besonders dafür braucht es Laborsituationen und Bewusstseinsbildung an den Bildungseinrichtungen für Pädagog_innen. Theorie braucht auch in diesem Fall das Ausprobieren und Erleben.

4. Virtueller Raum – Verantwortung und Autonomie

Die in ihrem Erscheinen neueste und sich gerade erst formende Raumkonfiguration ist die des virtuellen Raums. Es ist kaum absehbar, welche Art von digitalen Kommunikationsformen sich in den nächsten Jahren entwickeln und welche Auswirkungen das auf Lernformen haben wird. Skype, Zoom und Co ermöglichen schon heute Vorlesungen und Seminare, bei denen die Studierenden in ihren privaten Räumen sitzen. Wie verändern diese Formen unser Lernen, unser Denken und unser Verhalten? Erübrigt der schaurigvisionäre Einbau von Speicherchips in den Körper das Lernen von Fakten und Formeln und damit große Teile heutiger Unterrichtstätigkeit? Genaues Beobachten, Reflektieren und soweit wie möglich Steuern dieser Herausforderungen erfordern wohl mehr Verantwortung als Verwirklichung gewünschter Autonomie.

Die passend (um)gebauten Räume zu planen, ist Aufgabe von Architekt_innen und den zuständigen Verwaltungseinheiten. Zukunftsfähig gelingt das allerdings nur in gutem Zusammenspiel mit den Nutzer_innen und deren bewusstem Umgang mit dem Thema Raum in allen Dimensionen.

Links

www.archiv-der-zukunft.de
www.schule-im-aufbruch.at
www.bildunggrenzenlos.at
www.schulumbau.at

www.schulraumkultur.at
www.pulsnetz.org
www.nonconform.at
www.raumwert.cc
www.aap.or.at

John Evers

Erwachsenenbildung unter Druck!?
Ein problemorientierter Diskussionsbeitrag

Der vorliegende Diskussionsbeitrag versucht in sehr knapper Form, einige Aspekte der (gemeinnützigen) Erwachsenenbildung in Österreich zu umreißen. Ebenso sollen – aus der Perspektive der Praxis – einige Herausforderungen und Spannungsfelder benannt werden.

Wer nimmt teil?

Grundsätzlich nehmen aktuell knapp 47 % (andere Quellen sagen sogar 60 %) der Erwachsenen zwischen 25 und 64 Jahren pro Jahr an Aus- und Weiterbildungen teil. Gleichzeitig bestehen große Differenzen hinsichtlich der Bildungsabschlüsse. So liegt die Teilnahmequote von Hochschulabsolvent_innen um 25 % höher als die Quote von Personen, die „nur" über einen Abschluss einer weiterführenden Schule verfügen. Unter den Personen, deren höchste abgeschlossene Ausbildung die Pflichtschule ist, sind es lediglich 26 %, die an Aus- und Weiterbildungen teilnehmen. Bemerkenswert ist auch, welche Angebote wahrgenommen werden: Das Verhältnis zwischen beruflicher und allgemeiner Erwachsenenbildung liegt bei achtzig zu zwanzig: Erwachsenenbildung fokussiert heute also stark auf die Bedürfnisse der Wirtschaft.[1] Insbesondere zur betrieblichen Weiterbildung ist anzumerken, dass es eine sehr ungleiche Verteilung in den Teilnahmequoten nach Branchen bzw. Einkommenssegmenten gibt.[2] Menschen mit einem niedrigen oder keinem Formalabschluss sind besonders stark von Instrumenten der Arbeitsmarktpolitik bzw. öffentlich finanzierten Programmen und Projekten abhängig.

---

1 Vgl. https://erwachsenenbildung.at/aktuell/nachrichten/13304-oecd-studie-bildung-auf-einen-blick-2019.php
2 Vgl. auch: John Evers, Arbeit und Wirtschaft 9/2013 auf: http://archiv.arbeit-wirtschaft.at/servlet/ContentServer?pagename=X03/Page/Index&n=X03_999_Suche.a&cid=1383731347707

Erwähnt werden muss im Kontext der Bildungsteilnahme zudem, dass sich die nach wie vor starke Formalisierung des österreichischen Bildungssystems bis an die Spitze hemmend auf die breitere Teilhabe an Bildung auswirkt. Der Anteil der so genannten nicht-traditionellen Hochschulzugänge liegt in Österreich noch immer deutlich unter 10 %.[3] Obwohl Menschen mit „zweiten" Bildungswegen grundsätzlich „gute" Studierende sind, sind sie von diversen Selektionsmechanismen (Aufnahmeverfahren) besonders betroffen. Auch die Träger der Erwachsenenbildung spüren die Macht des formalen Bildungssystems überall dort, wo sie an dessen Schwächen bzw. Versäumnissen „nacharbeiten". Wann immer es um das „Nachholen" bzw. den (am Lebensalter gemessen) späteren Erwerb von den in Österreich so wichtigen Schulabschlüssen geht, ist letztlich – trotz mehrerer Reformen – noch immer die direkte Anbindung an die Schulbehörden vorgesehen. Deren Fokus ist allerdings – naturgemäß – auf andere Lernende ausgerichtet als jener der Einrichtungen der Erwachsenenbildung.

Auch inhaltlich gab es in den letzten Jahren höchst unterschiedliche Signale zwischen einer Erweiterung und Verengung des Blickfelds der herrschenden Politik auf die Erwachsenenbildung. So wird seit 2012 im Kontext des Förderprogramms „Initiative Erwachsenenbildung" (IEB) ein eigener, erwachsenengerechter Pflichtschulabschluss (ePSA) auch gesetzlich umgesetzt. ePSA und Basisbildungsangebote wurden gleichzeitig durch dieses auch international positiv beachtete Programm langfristig abgesichert.[4] Aktuell kritisieren jedoch viele Expert_innen bzw. aktive Basisbildner_innen das neue Curriculum Basisbildung (IEB) als (zu) wenig auf die Bedürfnisse der Teilnehmenden bezogen und stark in Richtung Arbeitsmarktanforderungen formalisiert.[5]

---

3 Vgl. z. B. Universitätsbericht 2017, S. 187 ff. https://www.bmbwf.gv.at/fileadmin/user_upload/wissenschaft/publikationen/Universitätsbericht_2017_barrierefrei_20180312.pdf
4 Vgl. https://www.initiative-erwachsenenbildung.at/initiative-erwachsenenbildung/was-ist-das/
5 Vgl. https://www.vhs.at/de/e/lernraum-wien/b/2019/09/19/stellungnahme-fachgruppe-basisbildung

Finanzierung

Die durchschnittlichen Ausgaben für Aus- und Weiterbildung liegen in Österreich – pro Kopf gesehen – im internationalen Vergleich relativ hoch. Die Betrachtung der Finanzierungsstruktur zeigt allerdings auf, dass der Löwenanteil der Kosten über Mittel der aktiven Arbeitsmarktpolitik und Investitionen der Unternehmen finanziert und damit gesteuert wird. Darüber hinaus leisten die privaten Haushalte ebenfalls – über Kursgebühren – einen beträchtlichen Anteil.[6]

Gegenüber dem – auch im medialen Fokus – stehenden von kommerziellen, gemeinnützigen und öffentlichen Anbietern umkämpften beruflichen Bildungsmarkt scheint die allgemeine Erwachsenenbildung nicht nur in der medialen Aufmerksamkeit zu verblassen. Während die Unternehmen 850 Millionen pro Jahr in Weiterbildung nach ihren Bedürfnissen investieren, sind die Bundesbudgets für Erwachsenenbildung laut AK zwischen 2017 und 2018 auf nunmehr 38,2 Millionen gesunken. Diese Unterausstattung trifft die allgemeine Erwachsenenbildung und ihren gesellschaftspolitischen Auftrag besonders hart. Für die zentralen Strategieansätze des Lebenslangen Lernens (LLL) sind laut AK im Bundesbudget knapp elf Millionen Euro vorgesehen.[7] Die staatliche Finanzierung der Erwachsenbildung ist zudem in einzelnen Bereichen stark mit den Europäischen Sozialfonds verknüpft, um hier – trotz enger Budgetvorgaben – zusätzliche Mitteln zu lukrieren. Damit verbunden sind allerdings Probleme und Herausforderungen der Projektlogik, also die Befristung von Dienstverhältnissen, Unsicherheiten in der Anerkennung von eingereichten Fördermitteln etc.

Zur Lage der Beschäftigten

Im Rahmen der gemeinnützigen Erwachsenenbildungsorganisationen (KEBÖ) waren 2017/18 insgesamt 6.484 hauptberufliche, 55.016 nebenberufliche und 25.222 ehrenamtliche Mitarbeiter_innen ak-

---

6   Vgl. https://erwachsenenbildung.at/aktuell/nachrichten/13304-oecd-studie-bildung-auf-einen-blick-2019.php.
7   Vgl. AK, Budgetanalyse 2018–2022, S. 36 ff. https://www.arbeiterkammer.at/service/presse/AK_Budgetanalyse_2018.pdf

tiv. 56.074 Personen arbeiteten als Lehrende bzw. Trainer_innen.[8] Dies ist natürlich auch ein Hinweis auf eine historisch gewachsene Struktur, in der ehrenamtliches bzw. nebenberufliches Engagement – etwa von (Hoch)Schullehrer_innen – seit jeher einen wichtigen Faktor darstellt. Die buchstäbliche Professionalisierung der Branche erhöhte demgegenüber in vielen Bereichen nicht nur den Druck in Bezug auf formale Anforderungen an die Beschäftigten. Gleichzeitig hielt – wie beschrieben – die finanzielle Ausgestaltung der allgemeinen bzw. öffentlichen/gemeinnützigen Erwachsenenbildung in vielen Bereichen mit dieser Entwicklung nicht Schritt. Im Gegenteil: Immer mehr gewinnorientierte Unternehmen drängen in den Markt und kämpfen um Projektausschreibungen und Teilnehmende. Diese Entwicklung drückt sich insbesondere bei den 9.000 Beschäftigten im Rahmen der privaten Bildungseinrichtungen (BABE) aus, deren Kollektivvertrag sowohl die gemeinnützigen wie die gewinnorientierten Trägerorganisationen umfasst. Vor allem die Unterrichtenden kritisierten hier (erneut) in jüngster Zeit ihre Einstufung bzw. Bezahlung im Vergleich zum Regelschulwesen. Besonders bemerkenswert erscheint zudem, dass hier noch immer keine Mindeststandards die Vor- und Nachbereitungszeit betreffend festgeschrieben sind. Gerade auf diesem elementaren Feld findet ganz offenbar ein massives Dumping zwischen den Anbietern nach unten dar – mit den entsprechenden Folgen für die Beschäftigten und die Qualität des Unterrichts.[9]

Herausforderungen und Spannungsfelder

Aus den genannten Aspekten bzw. der Praxis der Erwachsenenbildung können einige Herausforderungen und Spannungsfelder abgeleitet werden: Die Finanzierung und Finanzierungsstruktur insbesondere der allgemeinen/gemeinnützigen Erwachsenenbildung erscheint als unzureichend und nach wie vor wenig verbindlich. Rigide Vorgaben (AMS, Sozialhilfegesetz, Integrationsgesetz, Ausbil-

---

8 Vgl. https://cms.adulteducation.at/sites/default/files/statistikberichte-auswertungen/keboe-statistik-33-2018.pdf
9 Vgl. https://www.derstandard.at/story/2000108882465/deutschkursleiter-kritisieren-prekaere-arbeitssituation

dungspflicht, ...) – auch im Kontext von Förderungen – tangieren nicht nur die Teilnehmenden, sondern auch die Praxis der Trägerorganisationen, die diese Vorgaben umsetzen müssen. Das traditionelle Motiv bzw. Prinzip der freiwilligen Teilnahme von Erwachsenen an Bildung geht demgegenüber zurück. Gleichzeitig erscheinen – gerade auch in diesem Kontext – die Anforderungen an Bildung als „Problemlöser" als überfrachtet. Vielmehr ist der Kursalltag – insbesondere in den direkt staatlich finanzierten Bereichen – von vielfältigen gesellschaftlichen Problemen und Hürden der (Bildungs)Benachteiligung geprägt, die von Traumatisierungen junger geflüchteter Personen bis zu Fragen der „Beschäftigungsfähigkeit" älterer Teilnehmender reicht. Positive Ausnahmen bezüglich Gestaltungsspielräumen und finanzieller Stabilität der Erwachsenenbildung existieren dort, wo die öffentliche Hand auf regionaler Ebene bewusst gegensteuert. Dies geschieht nach wie vor etwa im Bereich der Volkshochschulen.

Umgekehrt ist insbesondere die gemeinnützige Erwachsenenbildung nicht nur gelegentlich mit dem Vorwurf der mangelnden Sichtbarkeit konfrontiert und steht unter Druck, ihre Daseinsberechtigung zu legitimieren. Im Bereich „Integration" wurde von Regierungsseite mit dem Österreichischen Integrationsfonds (ÖIF) bereits eine staatlich direkt gesteuerte und marktbeherrschende „EB-Einrichtung" gebildet. Diese agiert gegenüber Teilnehmenden nicht nur wie eine Behörde, sondern befindet sich auch in einer problematischen Doppelfunktion, nämlich als Kursanbieter und Akkreditierungsinstanz für Kurse und Prüfungen anderer Anbieter.

Reaktionen aus der Erwachsenenbildung

Die positiven Wirkungen der Erwachsenenbildung (EB) sind durch mehrere Studien gut belegt und werden von Seiten der (gemeinnützigen) EB-Einrichtungen immer wieder als zentrales Argument zur Legitimation dieses Bereichs eingebracht. Gerhard Bisovsky, der Generalsekretär der österreichischen Volkshochschulen (VÖV), verweist in diesem Kontext beispielsweise auf die BeLL-Studie (Benefits of Lifelong Learning), die auf jene allgemeine Erwachsenenbildung fokussiert, wie sie in Volkshochschulen umgesetzt wird. Die entsprechenden Wirkungen reichen von besserer Gesundheit über höhere Lernmotivation bis zur Reduktion von Straffälligkeit.[10] Auch die GPA-DJP (Gewerkschaft der Privatangestellten – Druck, Journalismus, Papier) erachtete im Rahmen einer öffentlichen Kampagne den Mehrwert der Erwachsenenbildung als wichtig und existenzsichernd für die gesamte Gesellschaft. Ziel sei es, nach Beendigung der schulischen Ausbildungsphase den Erwerb grundlegender Kompetenzen und Bildungsabschlüsse unentgeltlich zu ermöglichen. Dieses System wurde aber durch massive Kürzungen der türkis-blauen Bundesregierung ausgehöhlt. Betroffen sind vor allem Langzeitarbeitslose, Ältere, Frauen, Migrant_innen und junge Menschen, aber auch tausende Beschäftigte in der Erwachsenenbildung.[11] In eine ähnliche, grundsätzliche Richtung geht schlussendlich auch die Kritik eines Manifests der kritischen Erwachsenenbildung, welches allerdings nicht nur das Aushungern politischer Kritik in Form von finanziellen Kürzungen beklagt: „Wir wehren uns dagegen, uns als verlängerten Arm staatlicher Repressionen missbrauchen zu lassen. Individueller Bildungserfolg oder Nicht-Erfolg darf nicht Grundlage von staatlichen Sanktionen sein" heißt es in diesem Manifest.[12] Was oft zu fehlen scheint, ist die Suche und das Auffinden von Schnittmengen mit anderen „Bildungsbewegten", insbesondere Lehrkräften aus dem so genannten Regelschulwesen. Eine ganzheitliche Sichtweise auf gemeinsame Themen und Interessen täte der Bildungsdebatte jedenfalls sicher gut.

---

10 Vgl. ÖVH 267/2015 auf: http://magazin.vhs.or.at/wp-content/uploads/2016/01/OVH_Magazin_257_03_2015_MAIL.pdf
11 Vgl. https://www.gpa-djp.at/cms/A03/A03_2.3.216.a/1342591659497/kollektivvertrag/alle-branchen/forschung-bildung-kultur-organisationen/erwachsenenbildung-ist-mehr
12 Vgl. http://kritische-eb.at/wordpress/manifest/

Wohin geht die Reise?
Podiumsdiskussion (15. Juni 2019, Linz)

Es diskutierten **Sabrina Dorn** von der Elterninitiative „Nicht über die Köpfe der Kinder", **Karl Heinz Gruber**, emerit. Professor für Bildungswissenschaften der Universität Wien, **Monika Haider** von „Integration Österreich" und **Josef Reichmayr** als „schaumonito"-Sprecher. Ein Mitdiskutant aus dem Bildungsministerium, Sektionschef **Klemens Riegler-Picker**, sagte kurzfristig per SMS ab. Durch die Diskussion führte **Sibylle Hamann**. (Transkript: **Andrea Hagmann**)

Sibylle Hamann: „Wohin geht die Reise?" ist der Titel für unsere Diskussion. Monika Haider, Sie haben vor langer Zeit die Inklusionsbewegung im österreichischen Schulwesen begonnen. Das war ein gesellschaftlicher Aufbruch, der auch vieles transportiert hat, was man neu und anders machen wollte, und die Schule war ein Schauplatz dafür. Was ist daraus geworden?

Monika Haider: Ich habe meine Diplomarbeit über den gemeinsamen Unterricht behinderter und nicht behinderter Kinder 1991 geschrieben. Damals gab es eine Elternbewegung, die darum gekämpft hat, dass ihre Kinder mit Behinderungen nicht einer Beschränkung unterliegen. Es gab einen Schulversuch, 5 % der Schulen durften den gemeinsamen Unterricht einführen, später 10 %, was auch bald geknackt wurde. Die Eltern haben sich formiert und gemeinsam eine Bewegung gegründet: „Integration Österreich". Ich war Teil dieser Bewegung. Wir haben eine Sternfahrt nach Wien organisiert, haben damals mit Bundespräsident Klestil jemanden gefunden, der unser Anliegen auch zu seiner Sache gemacht hat. Und wir hatten Unterrichtsminister Dr. Rudolf Scholten, der damals über 100.000 Unterschriften entgegengenommen und sich dann für das Gesetz eingesetzt hat, für den gemeinsamen Unterricht behinderter und nicht behinderter Kinder. Das wurde 1993 durchgesetzt für die Volksschulen und 1995 für den Sekundarstufenbereich. Es hatte aber ein Manko: das „Elternwahlrecht". Das klingt ja eigentlich super, kam ja noch dazu von unten. Schule hatte sich erstmalig von der Basis, der

Elternseite aus, verändert – auch gesetzlich verändert. Man hat gesehen, Eltern haben eine unglaubliche Macht, und wir waren damals wahnsinnig stolz auf das Gesetz, obwohl wir wussten, dass es unzureichend ist. 2004 wurde unser Büro wieder geschlossen, man hat sich gedacht, die Initiativen gehen weiter, die Schulen wachsen, Inklusion geht Stück für Stück voran. 2014, also zehn Jahre später, haben sich die Eltern wieder formiert, weil man gesehen hat: Die Inklusion ist zwar am Papier möglich, aber eigentlich ist sie vielerorts nicht umgesetzt worden und das parallele System der Sonderschulen besteht fort.

Sibylle Hamann: Sie haben vorhin das „Elternwahlrecht" erwähnt. Ist es gut, dass sich Eltern die Schule für ihre Kinder oder das System, in das ihre Kinder gehen, aussuchen dürfen?

Monika Haider: Das Elternwahlrecht ist die Krux. Es klingt im ersten Moment wunderbar, als ob sich Eltern entscheiden können, wo sie ihr Kind hingeben. Aber Eltern behinderter Kinder haben oft nicht die Möglichkeit, sich zu entscheiden. Sie sind oft Bittsteller. Darum konnte sich das zweigleisige System entwickeln. Wenn Eltern nicht von vornherein die Möglichkeit haben, eine inklusive Schule zu finden, wohin sollen sie sich entscheiden, wohin sollen sie wählen? Das Elternwahlrecht ist eigentlich eine Farce. Das Elternwahlrecht gibt es, um Eltern zu beruhigen, aber dahinter bleibt das System aufrecht. In anderen Ländern ist so ein starkes, teures Parallelsystem wie in Österreich nicht zustande gekommen.

Sibylle Hamann: Ich sehe einen interessanten Anknüpfungspunkt im Regelschulwesen, wo es um die Frage geht: „Ist es das Beste, wenn die Eltern die Schule für ihre Kinder aussuchen dürfen, oder führt das zu Segregation?" Sabrina Dorn, Sie haben eine junge Initiative aus Unzufriedenheit mit dem herrschenden System mitgegründet. Sie hatten das Gefühl, es wird über die Köpfe unserer Kinder hinweg Politik gemacht, und das tut den Kindern nicht gut. Was ist es konkret, was Sie gerne geändert hätten?

Sabrina Dorn: Unser Anlasspunkt war das Pädagogikpaket 2018, wo man schon im Vorfeld beobachten konnte, dass der Diskurs sehr ideologisch geführt wurde und nicht expertenbasiert. Wir wünschen uns, dass Schule kein Ort ist, an dem ein politisch-ideologisches Hick-Hack über die Köpfe der Kinder hinweg ausgetragen wird. Wir wünschen uns, dass sich Eltern darauf verlassen können, dass das öffentliche Schulsystem qualitativ hochwertig ist. Es geht dabei auch um eine gesamtgesellschaftliche Vision, die wir vor Augen haben, und zwar eine inklusive Gesellschaft, die nicht vor der Gefahr steht, dass es Segregation gibt zwischen Kindern jener Eltern, die sich eine teure Privatschule leisten können, wo alles, was das Bildungssystem herzugeben hat, möglich ist, und Kindern von Eltern, die sich so was nicht leisten können. Da geht es ja auch darum, eine faire Gesellschaft zu haben, die Möglichkeiten, sich im Schulsystem zu verwirklichen, die Schule allen Kindern entsprechend ihrem Talent zu öffnen.

Sibylle Hamann: Dass ein Kind in die nächstgelegene öffentliche Schule geht, steht und fällt mit dem Vertrauen der Eltern in die Schule, dass dort das Richtige passiert mit ihrem Kind. Ist das Ihr Ziel, dass die öffentliche Schule so gut funktioniert, dass sie für alle attraktiv ist? Was ist es, was sie im Moment nicht so attraktiv macht? Was ist der Grund, dass in Wien ein hoher Prozentsatz von Kindern zum Beispiel in konfessionelle Schulen gegeben wird? Es gibt ja offenbar nicht dieses Grundvertrauen ins öffentliche Schulsystem.

Sabrina Dorn: Das sind einerseits gewisse Drohbilder, die politisch und auch medial gezeichnet wurden, die sich auch in den Köpfen der Menschen manifestieren, wenn sie oft genug hören, dass man in Wien kein Kind in öffentliche Schulen schicken kann, weil da kein Kind mehr Deutsch spricht. Das sind Vorurteile, und nicht jeder Mensch ist so, dass er unbedingt Eigeninitiative ergreift, um Vorurteile abzubauen. Und es ist andererseits die budgetäre Ausstattung von Schulen. Im Vergleich: Ich habe davor in der Schweiz gelebt, meine ältere Tochter ist fünf Jahre lang in der Schweiz zur Schule gegangen, und da gab es zwei Lehrer pro Klasse, da gab es Schulmaterial von der Schule zur Verfügung gestellt, da gab es eigentlich keine finanziellen Kosten, die irgendwie mit Schule verbunden waren, und die Qualität war sehr gut. Hier in Österreich hat man das Gefühl, dass die budgetäre Ausstattung der Schulen nicht so gut ist. Wenn man sich ans Ministerium wendet und die Frage stellt: „Können Sie mir vorrechnen, wie sich das Budget einer Schule ergibt?", sagt der Herr Generalsekretär auf diese Frage: Das weiß er nicht! Könnte man da nicht für Budgettransparenz sorgen? Warum kann ich als Bürgerin nicht auf die Website vom Ministerium gehen und nachschauen, wie sich von der Schule XY das Budget errechnet und wie viel Budget sie zur Verfügung hat? Es war Minister Faßmann, der zuletzt in „Im Zentrum" im ORF gesagt hat: „Wir haben kein Ressourcenproblem, wir haben ein Effizienzproblem." Er macht das jetzt seit 15 Monaten und er hat es noch nicht geschafft, sich einen Überblick über die Zahlen zu verschaffen. Da greift man sich an den Kopf.

Sibylle Hamann: Was Ihnen offenbar fehlt, ist Interesse und Kommunikation von Seiten der Politik. Obwohl man sich denkt, es sollte sich doch jeder freuen, wenn sich Eltern einbringen wollen.

Sabrina Dorn: Man wird abgewunken. Wir haben daher eine Petition auf der Plattform „Aufstehn" veröffentlicht und versucht, sie dem Minister zu übergeben. Wir haben drei Mal keine Chance gehabt. Wir sind auf zwei weitere Petitionen, die von Lehrer*innen gestartet wurden, aufmerksam geworden. Da gab es eine von Montessori-Pädagog*innen aus Salzburg, wo es um die Ziffernnoten ging, und es gab eine von zwei Volksschuldirektorinnen aus Linz, bei der ging es um die Deutschklassen. Denen war es gleich ergangen. Sie haben ein paar Tausend Unterschriften gesammelt, aber vom Ministerium hat man gehört: „Nett, dass Sie das gemacht haben, wir schauen uns das an, auf Wiederschauen, es interessiert uns nicht." Es ist dieser Kommunikationsstil, den wir Eltern als steuerzahlende Bürger*innen nicht wollen.

Sibylle Hamann: In Ihrer Elternbewegung geht es in erster Linie um öffentliche Volksschulen.

Sabrina Dorn: Wir sind eine offene Plattform. Wenn irgendjemand ein Thema hat, das für sie oder ihn wichtig ist, sagen wir: „Kommt zu uns, redet mit uns darüber". Wir hatten zuletzt die Forderung nach einer unabhängigen Schul-Ombudsstelle. Wir stehen auch Themen, die das Schulsystem allgemein betreffen, offen.

Sibylle Hamann: Weil Sie die Schweiz erwähnt haben, frage ich Karl Heinz Gruber: Ist es so, dass die öffentlichen Volksschulen so schlecht sind wie ihr Ruf oder sind sie eigentlich eh viel besser, und wie stellt sich das im Vergleich dar?

Karl Heinz Gruber: Die Schulen spiegeln die Probleme ihres Umfelds wider. In vielen Bereichen der Gesellschaft, insbesondere auch beim Wohnen, gibt es eine soziale Entflechtung. So entstehen sehr unterschiedliche Schulkulturen, die zwar alle unter der gleichen Regel stehen, de facto aber ganz unterschiedliche Herangehensweisen finden müssen. Initiativen, die von den „grassroots", von der „Grasnarbe", entstehen, sind oft sehr förderlich bei der Verbesserung des Mikroklimas einer Schule. Aber wenn ich unseren Zeitgeist definiere: Es gibt keine visionären Statements. Es gibt im Gegenteil unglücklicherweise ein Bekenntnis zu einem liberalen Verständnis von Bildung, dass jedes Haserl sich sein Graserl selber suchen muss. Im Unterschied zu früheren Aufbruchsbewegungen, die in sehr vielen Ländern zu einer Strukturreform geführt haben, gibt es in den Nachzüglerländern im deutschen Sprachraum Aufbruch nicht mehr. Der Reform-Elan ist verpufft, und jetzt gibt es vielmehr dieses berühmte neoliberale Credo: Die Eltern sollen auf einem Bildungsmarkt wählen können, die Schulen sollen gegeneinander um Schüler konkurrieren, das System soll vielfältig sein. Das ist alles eine Täuschung, weil auf einem lokalen Mikromarkt die großen Visionen der selbstverantwortlichen Entscheidung sich sehr schwer einlösen lassen. Zum Ausweichen in die Privatschulen: In Österreich ist das Konkordat mit dem Vatikan eines der großen Hindernisse für eine Strukturreform. Die meisten Kosten der Privatschulen – nämlich die Lehrer – werden vom Staat übernommen. Würde man den Eltern das international gesicherte Recht auf private Schulen zugestehen, aber sie den vollen Preis selbst zahlen lassen, könnten sich das sehr wenige Leute leisten. Sie könnten dann nicht länger mit öffentlichem Geld kleine elitäre Nischen haben. Weil gesagt wurde, Schulen sollen unpolitisch werden: Nein, Schulen müssen hoch politisch sein und wissen, dass sie demokratische Werte einlösen, und sie brauchen parlamentarische Mehrheiten. Das hat sich in allen Ländern gezeigt. Durch elterliche Grassroot-Bewegung können nachhaltige Strukturreformen nicht entstehen. Es braucht die Akzeptanz der Profis. Damit man die Lehrerschaft gewinnen kann, braucht es harte Evidenzen, die es interessanterweise in Österreich gäbe, allerdings in einem Zustand, der sehr schwer lesbar ist. Die nationalen Bildungsberichte und die Publikationen von Ferdinand Eder und von Lorenz Lassnigg sind nach internationalen Standards hervorragende Dokumente, die die Mängel des Systems aufzeigen, aber in einer Sprache, die über die Köpfe sehr vieler Menschen geht. Die müssten alle aufbereitet werden. Es bräuchte Broschüren für die Obleute von Elternvereinen, damit sie wissen, wie das System läuft, was die Schwächen sind und welche Optionen es gibt. Was in Österreich auch nicht getan wird, ist die Nutzung der internationalen Kompetenz, zum Beispiel der OECD. Mein Vorschlag ist immer gewesen: Das Ministerium soll sich wieder trauen, das zu tun, was sie 1966 haben tun lassen: sich einer nationalen Länderprüfung zu unterziehen, um zu schauen: Kann das System die Ansprüche eines demokratischen Systems und einer boomenden Wirtschaft mit einem steigenden Bildungsniveau einlösen? Ich befürchte, das ist nicht der Fall. Dieser Druck, der von außen, von unten und von innen kommen müsste, der müsste als Katalysator und mit Charisma organisiert werden. Eine Strukturreform ist hoch politisch. Alle diese Fragen, wie ein einzelnes Lehrerkollegium eine gute Schule machen kann, sind prädeterminiert dadurch, dass das System ihnen seine Mängel aufdrückt. Wir haben hier über wirklich hoch engagierte, gute Neue Mittelschulen gesprochen, die sich abstrampeln, die gute Sachen machen, aber keine Chance haben gegenüber einer Schule mit Versprechung der Matura. Diese gemeinsame – natürlich mit allerhand Differenzierung – vielfältige Schule bis zum Ende der Schulpflicht, das wäre der „common sense". Es ist ganz falsch, dass Gesamtschulen nur etwas für klassenlose Gesellschaften seien wie die finnische, die auch nicht klassenlos ist. Die in Frankreich war nicht klassenlos, Italien war nicht klassenlos, England ist mehr als „zwei-klassen-haft". Der Prozess der Erosion – mein Kind ist der Träger meiner Pensionen und es geht um die Optimierung des Bildungswegs meines Kindes – ist für die Eltern legitim, ist aber in Beziehung zu setzen zu den legitimen Interessen von allen anderen Kindern, die unter Umständen den Preis für diese Optimierung des einzelnen Kindes zahlen.

Sibylle Hamann: Ich nehme das Wort „Erosion" als Stichwort und möchte anknüpfen an der Autonomie, die ja so etwas wie der „rote Faden" ist, der hier durch die Veranstaltung führt. Ich möchte zu Josef Reichmayr kommen. Wir haben vom Markt gesprochen, an dem Schulen ihre Marke bilden, als Vision in der neoliberalen Politik dann ihre Schüler aussuchen, miteinander konkurrieren. Ist Schulautonomie nicht ein Vehikel, das die Segregation, die Zersplitterung noch mehr fördert statt dass sie sinnvolle Projekte auf den Weg bringt?

Josef Reichmayr: Natürlich, wenn die Rahmenbedingungen des seit Jahrzehnten gesplitteten österreichischen Schulsystems weiter bestehen. Diese Tendenz gibt es sowieso schon, auch innerhalb des öffentlichen Schulwesens und sogar im Grundschulbereich. Bezüglich demografischer Kriterien wird sich das noch verstärken oder sogar auf eine dramatische Spitze treiben. Vielleicht wird Handlungs- oder Veränderungsdruck erzeugt, aber das wäre ein hoher Preis. Das ist aber nicht unsere Vorstellung von Schulautonomie, sondern wir wollen ein Demokratisierungs- und Selbstermächtigungsprojekt. Vielleicht ist das völlig idealistisch, völlig weltfern, aber wir wollten das ja immerhin schon 1993. Der Kongress „Schulautonomie, aber wie?" liegt 26 Jahre zurück. Die „Österreichische Bildungsallianz"[1] gab es damals schon ein bisschen länger. Es war eine andere gesellschaftliche Stimmung, da waren drei-, vierhundert Leute. Da hat „schaumonito" sicherlich noch Aufholbedarf, das braucht seine Zeit. Ob es vom Gesamtzeitgeist her jetzt überhaupt irgendeine Chance gibt, da auch nur in die Nähe dieser Präsenz wie die Bildungsallianz zu kommen? Die Bildungsallianz war zumindest im „Vorzimmer der Macht" des Ministeriums. Über die Jahrzehnte hinweg habe ich nie das Gefühl gehabt, dass es wirklich von den Behörden her großes Interesse gegeben hätte. Die letzte, vorletzte Regierung hat komplett abgeblockt. Das war besonders krass, aber was war denn vorher?

Sibylle Hamann: Was unterscheidet diese ermächtigende Art von Autonomie von der neoliberalen Art „Autonomie", die der Gesetzgeber wahrscheinlich meint, wenn er sich Autonomie wünscht?

---

1 http://www.oeball.org/

Josef Reichmayr: Aus meiner Warte ist der maßgebliche Unterschied, dass „unsere" Autonomie nur möglich wird durch die Betroffenen, indem die Pädagog*innen, Eltern, durchaus auch Schüler*innen, aktiv werden, und das zusammenfließt und eine politische Kraft wird. Keine parteipolitische Kraft, aber eine politische Kraft, die verschiedene Parteien und Parteikonstellationen aufrüttelt, bis eine größere grundlegende Strukturreform eintritt, die wir sehr klar skizzieren können.

Sibylle Hamann: Wo könnte dieser Impetus herkommen? Vorher hat Karl Heinz Gruber gesagt, der Leidensdruck sei nicht groß genug. Ich bin mir nicht ganz sicher, ob das stimmt. Wenn man mit Lehrer*innen redet, jammern eigentlich alle. Wenn man mit Eltern zu tun hat, erzählen alle eine furchtbare Geschichte. Gibt es irgendwen, dem es echt gut geht im System? Der Leidensdruck ist doch bei ganz vielen Menschen da, weil sie Zwänge spüren, das Gefühl haben, sie kommen mit dem, was sie können, ihrer Persönlichkeit, nicht wirklich durch. Reicht das nicht als Leidensdruck?

Karl Heinz Gruber: Ein Beispiel aus Salzburg: Es gibt dort eine AHS, wo über 70 % der Schüler Nachhilfestunden haben, und eine andere mit unter 10 %. Die Elternschaft dürfte das wissen, aber alles privatisieren, internalisieren, durchtauchen und durchhalten. Ich befürchte, es ist fast eine „Volkspsychologie". Die österreichische Bereitschaft, politisch aktiv zu werden oder innerhalb der Elternschaft Solidarität zu üben, gibt es nicht. Als man in England die nationalen Inspektionsberichte ins Internet gestellt hat, waren die Direktoren aufgefordert, alles das, was sie machen, zu erklären und zu begründen. Etwa auch, wenn die nationalen Testergebnisse der Schule unter dem Durchschnitt waren. Diese Erklärung macht die Schule nicht viel attraktiver für Eltern, aber sie gibt den Lehrern die Möglichkeit zu begründen: „Wir machen gute Arbeit, und denkt dran, von wo wir die Kinder wohin gebracht haben." Was die Autonomie betrifft, ist das ein zweischneidiges Schwert. Wenn, wie im Bildungspaket festgehalten, die AHS-Direktoren sehr viel mehr Rechte bekommen, sich ihre Schülerschaft auszusuchen, dann gibt es Kinder, die den Marktwert der Schule mindern und solche, die durchwegs „assets" sind.

Schulen brauchen Vorgaben, dass sie als öffentliche Schulen ein Teil der gesellschaftlichen Gesamtproblematik „Bildung" über das ganze Spektrum bleiben müssen. Es geht nicht um „Quotenkinder", aber um eine Rechtfertigung für die Fairness der Rekrutierungspraxis.

Sibylle Hamann: Bringen wir kurz den Chancenindex ins Spiel. Er würde bedeuten, dass jedes Kind, das vielleicht mit mehr Aufwand verbunden ist, ein paar Ressourcen zusätzlich mitbringt. Wenn jedes so genannte „Quotenkind" Ressourcen mitbringt, könnten ja genau diese Kinder attraktiv werden für eine Schule.

Karl Heinz Gruber: Ich befürchte, diese Kinder sind nur attraktiv für den Schulleiter und nicht für die große Mehrheit der restlichen Eltern. Dass die Kinder mit Index die Finanzierung verbessern, würde nicht viel bringen. Ich habe bei diesem Index eher an die Niederlande gedacht, wo es ein Sozialindex ist, und nicht an einzelne Kinder mit einem besonderen Förderbedarf gebunden. Also ein allgemeiner Index nach Einkommen und Sozialstatus, an dem die Schulfinanzierung auszurichten wäre.

Monika Haider: Ich möchte dem aus meiner Erfahrung von der Elterninitiative aus den 1990er Jahren widersprechen. In den Integrationsklassen wollten viele Eltern nicht behinderter Kinder ihre Kinder in eben diese Schulen geben. Da gab es einen richtigen Aufbruch. Das ist also möglich, aber ein bisschen verpufft, so wie die Rahmenbedingungen momentan gesetzt sind. Die Gelegenheit wäre doch eigentlich etwas Gemeinsames. Ich gehe davon aus, dass Lehrer*innen die Begabungen und Talente der Kinder entdecken und fördern wollen. Und ich gehe davon aus, dass die Eltern für ihr Kind das Beste wollen. Da hätte man einen gemeinsamen Nenner, da könnte man eine Initiative starten, und ich glaube, der Zeitpunkt jetzt ist gar nicht schlecht. Alles Mögliche ist im Umbruch, es gibt eine große Unzufriedenheit an allen Ecken und Enden, und uns steht eine Regierungsbildung bevor. Es würde sich lohnen, jetzt mit den Bildungssprechern der Parteien Kontakt aufzunehmen. Ich gehe davon aus, dass es keine ÖVP-FPÖ-Regierung mehr geben wird, und dann gibt es auch die kleinen Parteien, die man jetzt mitnehmen könnte, die wir wahrscheinlich leichter motivieren können und die möglicherweise in ein Koalitionsgespräch kommen.

Sibylle Hamann: Sehen Sie auch, dass es von Elternseite eine starke Tendenz gibt, alles zu individualisieren und, wenn das Kind in der Schule nicht „funktioniert", Nachhilfe zu zahlen? Dass man sich nicht solidarisiert und versucht, die Bedingungen zu ändern? Sie haben eine andere Erfahrung gemacht, nämlich dass man weiß: Es geht meinem Kind dann besser, wenn es in einem Umfeld lernt und aufwächst, wo es auch den anderen Kindern gut geht. Oder?

Sabrina Dorn: Selbstverständlich. Aber es braucht eine gewisse Portion Mut, sich als Eltern zusammenzuschließen und aufzustehen. Eine unabhängige Schul-Ombudsstelle wäre ein Ansprechpartner für solche Problematiken, weil es von Elternseite Angst gibt, durch Widerstand oder durch Kritik die Situation für das eigene Kind zu verschlechtern. Eine externe unabhängige Stelle, wo man sich zuerst Beratung suchen kann, vielleicht die eigene Meinung dann bestätigt findet oder relativieren kann, würde helfen, solche Anliegen weiterzubringen. Und würde auch hinsichtlich „Qualitätskontrolle" helfen.

Sibylle Hamann: Ein anderes Beispiel: Die Deutschförderklassen sind in der allgemeinen Bevölkerung sehr populär. 80 % der Bevölkerung finden das eine gute Idee, weil „Deutsch" und „Förderklasse" klingt irgendwie mal fein. Ich vermute, man hat den Eltern deutschsprachiger Kinder das Signal „Wir halten euch die, die nicht Deutsch können, fern, und damit sichern wir uns eure Unterstützung" gegeben. Bei Ihnen ist es umgekehrt, Sie wehren sich gegen die Deutschförderklassen, weil Sie die Gemeinsamkeit wollen. Ist es ein falsches Bild, das die Politik von uns Eltern hat?

Sabrina Dorn: Ich habe gehört, dass diese Deutschförderklassen, wie sie im Gesetz stehen, in der Praxis gar nicht so abgehalten werden, weil es einfach kein praxistaugliches Modell ist. Allein schon von den räumlichen Ressourcen her funktionieren sie gar nicht. So wie ich das subjektiv an der Schule, die meine Tochter besucht, erlebt habe: Das Drohbild ist nicht der Durchschnittsfall. Es sind ein paar

Kinder, und die trägt die Gemeinschaft leicht. Auch hinsichtlich Startgerechtigkeit für Kinder mit Deutschschwierigkeiten ist es nicht das korrekte Modell. Es ist „österreichische Logik", dass man sich einen Extremfall herauspickt und aus dem dann den Durchschnittsfall fürs gesamte Land konstruiert.

Sibylle Hamann: Die Deutschförderklassen sind ein typisches Beispiel dafür, dass von Autonomie geredet und dann ein zentrales System jeder Schule aufgezwungen wird. Also eigentlich komplett inkompatibel mit der Idee der Schulautonomie. Was führt dazu, dass 80 % der österreichischen Bevölkerung sagen: „Deutschförderklassen sind super!"?

Josef Reichmayr: Die Erzählung ist, dass die Vorgängerregierung nichts zustande gebracht hat. Deswegen gibt es so viele a.o.[2] Kinder in Wien, und, und, und. Natürlich wird klammheimlich verschwiegen, dass die ÖVP ja sehr wohl vorher mit der SPÖ in der großen Koalition war. Die Spuren werden verwischt. Die Erzählung ist, dass diese Regierung jetzt rettet, was völlig aus dem Ruder gelaufen ist. Jetzt wird es aber nochmal spannend, denn es scheint doch nicht so ganz zu funktionieren. Wer ist da jetzt wieder Schuld?

Sibylle Hamann: Nach meinen Recherchen versuchen viele Lehrer*innen und Direktor*innen, möglichst viele Kinder aus den Deutschförderklassen zurück in den regulären Unterricht zu bringen, weil sie glauben, dass das das Bessere ist. Sie verzichten damit auf den a. o. Status, fallen damit aber um Ressourcen, um Stunden um, aber am Ende auf dem Papier schaut alles ganz super aus: Wir haben innerhalb sehr kurzer Zeit die Zahl der a.o. Kinder wesentlich reduziert. 85 % haben in die Regelklasse gewechselt.

Monika Haider: Die Frage ist: „Wie wird die Story erzählt?" Es geht ums „story-telling". Offenbar gibt es ein „story-telling", das die Be-

---

2   Kinder und Jugendliche, deren „Aufnahme als ordentliche Schüler wegen mangelnder Kenntnis der Unterrichtssprache nicht zulässig ist", sind gemäß § 4 Abs. 2 SchUG als außerordentliche Schüler*innen aufzunehmen und für die Dauer des außerordentlichen Status „unter Berücksichtigung ihrer Sprachschwierigkeiten" (§ 18 Abs. 9 SchUG) zu beurteilen.

völkerung so beeinflusst, dass es ein gutes Ende hat, dass das eine gute Maßnahme war, eine erfolgreiche Maßnahme. Es gibt ja viel weniger Förderklassen jetzt, und man braucht nicht mehr so viel Geld hineinstecken, wir sparen uns Lehrerkosten.

Josef Reichmayr: Das funktioniert genauso bei der Notengeschichte. Klarerweise ist es immer konfliktträchtig, auf Noten zu verzichten in einem System, das nach wie vor in allen Fasern auf Selektion ausgerichtet ist. In diesem gesplitteten System plötzlich keine Noten zu geben ist ein Widerspruch in sich. Das dann auszuhalten, haben sich tausende Volksschullehrer*innen in Österreich angetan und wahrscheinlich im Diskurs mit den Eltern gute Erfolge erzielt. Aber spätestens wenn die Volksschulzeit sich ihrem Ende zuneigt und die große Entscheidung ansteht, ist „Schluss mit lustig".

Sibylle Hamann: Auch das ist ein kritischer Punkt, dass wir uns in einem System befinden, wo ausschließlich die Deutsch- und Mathenote in der vierten Klasse darüber entscheidet, in welche Schule man gehen kann. In so einem System in der Volksschule zu sagen, ohne Noten sei es besser, finde ich eine halbherzige Sache – weil wir denken das ja immer mit, auch wenn wir sie abgeschafft haben.

Josef Reichmayr: Aber es wird nicht leichter dadurch, dass ich von der ersten Klasse an Noten gebe.

Sibylle Hamann: Nein, aber man könnte sagen, es ist ehrlicher. Ich tu nicht so, als wäre etwas nicht da, was eh die ganze Zeit präsent ist.

Josef Reichmayr: Auch nur unter dem fatalem Diktum der so genannten „Notenwahrheit", die es ja nicht gibt. Das ist völliger Mumpitz. In dieser Klemme waren quer durch Österreich tausende Volksschullehrer*innen immer schon drinnen. Nach der zweiten Schulstufe sind viele in Hinblick auf ein nahendes Ende eh schon davon abgegangen. Es gab zu Recht auch von Eltern Kritik an der verbalen Beurteilung, aber die Modelle haben sich weiterentwickelt: Portfoliomodelle, Leistungsdokumentationen, Lernzieldokumentationen und so weiter. Das hat sich aber bis zu der damaligen Novelle, wo wir protestiert haben noch unter der rot-schwarzen Regierung, ins Ministerium nicht durchgesprochen. In den schriftlichen Kommentaren zum Gesetz kam mehrfach die verbale Beurteilung zur Sprache, die es in Wien seit 1966 gibt. KDL, die Leistungs(Lern)fortschrittsdokumentation und das Pensenbuch, die von den engagierten Lehrer*innen gewählt wurden, kamen nicht zur Sprache. Das war aber bereits ein Mehrheitsprogramm, aber auch grassrootsartig, weil das hat niemand angeschafft, das haben sich die Lehrer*innen angetan. Warum? Weil sie primär Pädagogik im Sinn haben und nicht Juror*innen sein wollen. Dennoch ist da Konfliktpotenzial drinnen. Eltern haben Aha-Erlebnisse, wenn es erstmals Noten gibt, und dann schauen die nicht so aus, wie es sich die Eltern wünschen würden. Das kannst du nicht auflösen, weil da sind verschiedene Parameter drin, die gegeneinander stehen innerhalb eines Systems. Das wurde politisch völlig beinhart missbraucht und ausgespielt. Das lässt sich politisch gut instrumentalisieren.

Sabrina Dorn: Warum stellt sich denn die Frage mit dem Notendruck überhaupt so in der Volksschule? Um einmal eine andere Perspektive darauf zu werfen: Er manifestiert sich in der Volksschule, aber das Problem liegt eigentlich in der Bildungszukunft. In Österreich besteht dieser unglaubliche „run" auf die Gymnasien. Das liegt darin begründet, dass der duale Bildungsweg nicht attraktiv genug ist im Vergleich zu einer universitären Laufbahn. Warum wollen alle Eltern ihre Kinder in ein Gymnasium geben?

Josef Reichmayr: Weil es das Angebot gibt, diese eigentlich nicht wirklich vorhandene Wahlfreiheit, ihr Kind ins Gymnasium zu geben oder in die NMS oder in die Sonderschule, die gibt's ja auch noch. Sobald ich das öffne, habe ich diese Sogwirkung, wie wir sie alle erleben. Das lässt sich nur strukturell lösen. Es darf während der Pflichtschulzeit dieses Angebot gar nicht geben, mitten drin in der Entwicklung der Kinder. „So, jetzt können die in diesen ganz besonderen ‚höheren' Schultyp gehen." Und was ist der andere? Der ‚niedrigere' Schultyp.

Sabrina Dorn: Aber geht es dann nicht auch darum, bei Eltern Aufklärungsarbeit zu leisten? Eltern haben das Interesse, so versteh ich meine persönliche Elternschaft, das Beste für ihre Kinder zu machen und sich nicht an irgendeinem externen Bild zu orientieren. Mir persönlich ist es egal, ob meine Töchter auf ein Gymnasium gehen.

Josef Reichmayr: Wenn es das System so anbietet, dann hast du diese Effekte, da kannst du Aufklärung machen, so viel du willst. Keine Chance.

Sabrina Dorn: Ich möchte keinen neoliberalen Leistungsgedanken ansprechen. Der große Unterschied zwischen einer universitären Laufbahn und einer Lehrausbildung ist, dass man sich auf der Uni bis 25 selbst verwirklichen und bilden und darüber nachdenken kann, was man überhaupt möchte, während einem das, wenn man eine Lehre macht, nicht in dieser Form offen steht. Ab der ersten Klasse Volksschule hat man die Fixiertheit im Kopf, ein Gymnasium sei viel besser als in die Mittelschule zu gehen und danach eine Lehre anzufangen.

Josef Reichmayr: Weil es das System offeriert. Wenn das System sagt, bis 15 gehen alle in einen gemeinsamen Schultyp, ist diese Option im Kopf weg, und die Kinder haben mehr Chancen.

Karl Heinz Gruber: Ich verfolge seit 50 Jahren die Schulentwicklung in Schweden, das in den letzten 15 Jahren, nach zuerst 60 Jahren egalitärer sozialdemokratischer Bildungspolitik, eine konservative Regierung bekommen hat, die sich sehr stark angloamerikanisch orientiert. Die ganze Leistungsproblematik schaut in Schweden so aus: Die ersten sechs Jahre gibt es für schwedische Schüler keine Noten, aber: Es gibt zweimal im Jahr für jedes Kind eine Lernfortschrittskonferenz mit Lehrerin, Kind und Eltern, wo die Eltern ausführlich informiert werden über den Lernfortschritt des Kindes, auch über die Mängel. Aber was das System nicht anbietet, außer die Eltern tun es freiwillig, ist, dass sie sich vergleichen können mit allen anderen in der Klasse. Im Sinne des nationalen Monitoring, wie das System insgesamt funktioniert, werden die Kinder nach den ersten drei Jahren und nach sechs Jahren in Schwedisch getestet, aber ohne personalisierte Daten wie bei unseren Bildungsstandards, sondern im Sinn des System-Monitoring, wie viele Kinder Leistungsschwächen haben, auf einem national aggregierten Niveau. Diesen Leidensdruck wie bei uns in den dritten und vierten Klassen gibt es dort schlicht und einfach nicht. Weil Sie gemeint haben: „Muss man denn studieren, um glücklich zu sein?" Nicht notwendigerweise: In Schweden besuchen nun fast 98,5 % der Schüler bis 18 Vollzeitschulen. Es gibt auch duale Elemente in der Berufsausbildung, und es gibt Berufsausbildungszüge in der ebenfalls vergesamtschulten Oberstufe. Dort reinzukommen ist schwerer als in einen klassischen humanistischen Zug. In Schweden gibt es diese prinzipielle Wertschätzung des Bildungsbürgerlichen nicht so ausgeprägt. Es gibt 18 Züge und 12 sind eher auf verschiedene Berufsfelder spezialisierend. In bildungsbürgerlichen Kreisen wird die gymnasiale Option höher geschätzt als die Berufsbildung, aber für die gesamte Bevölkerung gilt das überhaupt nicht. Das hat allerdings auch damit zu tun, dass die Einkommensbänder viel schmäler sind, sodass der Mehrwert des „degree" nicht so ins Gewicht fällt. Niemand glaubt, dass in einem Gesamtschulsystem alle Schulen gleich sind und dass überall alle Kinder hingehen. Die soziale Segregation beim Wohnen schlägt durch, die Lehrerkolleg*innen sind unterschiedlich tüchtig und engagiert, und auch die Direktoren nützen ihre Autonomie. Das Grundcurriculum ist integrativ über das ganze Begabungsband, da muss man binnen-differenzieren. In den letzten drei Klassen bietet an einer bestimmten Schule der Direktor an: „Fortgeschrittene oder angewandte Mathematik und Naturwissenschaften" – hochattraktiv für intellektuelle Haushalte, aber an seiner Schule macht er dann auch einen Fußball- und einen Tanz-Zug. Auf diese Weise kriegt er einen sozialen Mix, er hat vier Klassen, und die Kinder haben gemeinsame Lernerfahrungen und interessens-, begabungs-, leistungsorientierte wahlgesteuerte Fächeroptionen. Auf diese Weise kriegen Sie eine heterogene Schülerschaft zusammen und Sie kriegen nicht so soziale Monokulturen, wie es bei uns eher der Fall ist.

Sabrina Dorn: Eigentlich sollte man die Kinder so verteilen, dass Durchmischung gegeben ist.

Karl Heinz Gruber: Ob der schöne Grundsatz „Gleiches Unrecht für alle" akzeptabel ist? Denn viele dieser Entscheidungen, die bei uns durch elterliche Ambitionen oder Elternrecht gesteuert werden, die werden in manchen Ländern durch das Los entschieden. Das würde heißen, die vier Parallelklassen werden nach einem Zufallsprinzip beschickt. Dazu braucht es allerdings eine demokratische Legitimation der Direktorin. Auf diese Weise wäre die Wahrscheinlichkeit, dass man Segregation vermeidet, relativ hoch.

Die weitere Diskussion unter Einbeziehung des Publikums wurde in „Portionen" geteilt und ist an inhaltlich entsprechenden Stellen über das ganze Heft verteilt.

Politik rahmt Schule – gelernt und gelebt wird vor Ort!

Forderungen der Plattform www.schaumonito.at – überparteiliches Netzwerk für kindergerechte Schulen

Grundsätzliche Vorbemerkung

Die kurzfristigen und sprunghaften politischen Interventionen in das Schulsystem verbunden mit der Beibehaltung der Aufsplitterung in verschiedene Schularten sind ungeeignet, eine kontinuierliche Schulentwicklung unter Ausschöpfung des menschlichen und fachlichen Potenzials am einzelnen Schulstandort zu unterstützen. Sie bewirken eher eine Abgabe von Verantwortung für das eigene Tun an „die Politik". Das ist eine Verschleuderung von pädagogischem und fachlichem Knowhow, Arbeitsfreude, Kreativität und Vertrauen in eine autonom wirkmächtige Lösungsorientierung der Betroffenen.

Ab dem Schuljahr 2024/25 laufen alle – bereits jetzt stark reduzierten – Schulversuche endgültig aus.

Für eine kindergerechte Schule fordern wir:

1. Schulautonomie: Minimierte zentrale Prämissen, maximale Umsetzungsfreiheit an den Schulen, professionelle externe und behördenunabhängige Begleitung des Autonomie-Prozesses

Voraussetzung für eine strategische und zukunftsorientierte Neuausrichtung des österreichischen Schulsystems sind ein möglichst breiter gesellschaftlicher Dialog und Konsens über den in (staatlich organisierten) Bildungsräumen begleiteten Weg zur Entfaltung und Nutzung der Talente jedes einzelnen Kindes im jeweiligen sozialen Kontext (Peer Group, Klasse, Schule, Cluster, Grätzl,..). Dieser Dialog kann nur erfolgreich sein, wenn er abseits des tagespolitischen Diskurses und hochprofessionell begleitet stattfindet. Bei allen Überlegungen bezüglich autonomer Gestaltungsräume für die einzelnen Schulstandorte ist darauf Bedacht zu nehmen, dass sich das hochgradig selektive staatliche Bildungssystem nicht noch weiter auseinander entwickelt.

Eine nachhaltige Orientierung an einem Prozess der Deregulierung und Autonomisierung bedarf einer breit angelegten, professionellen, externen und behördenunabhängigen Begleitung dieses Schulautonomieprozesses, um insbesondere die konkreten Umsetzungsprobleme aus der Sicht der Praktiker*innen (Schulleiter*innen, Pädagog*innen, Schüler*innen, Eltern) wahrzunehmen und bei weiteren politischen Maßnahmen berücksichtigen zu können.

2. Für eine gemeinsame kindergerechte inklusive Schule ALLER Schüler*innen von 6 bis 15 Jahren

Nur ein Konzept der gemeinsamen Schule kann die Kluft zwischen sozial benachteiligten und sozial privilegierten Kindern verringern. Die parallele Erhaltung der allgemein bildenden höheren Schule (AHS) und der Mittelschule im Sekundarbereich I zementiert die bestehende Kluft.

Das Konzept einer **gemeinsamen Schule für ALLE** macht die klassischen Sonderschulen überflüssig. Der Ausbau der Integration sowie von Schwerpunktschulen, die sich einerseits spezialisieren und andererseits öffnen, sollten Zukunftsmodell für alle Kinder sein. Die Erhaltung der Sonderschule perpetuiert Ausgrenzung und Segregation.

Während der gesamten Bildungslaufbahn bis zum Ende der Pflichtschulzeit ist bei allen Übergängen auf jedwede Segregationsmaßnahmen und Leistungsvoraussetzungen zu verzichten.

3. Verbesserung der Rahmenbedingungen für die Entwicklung der Unterrichtsqualität

Die Einrichtung pädagogisch stringenter Strukturmodelle (inklusiv, mehrstufig, alternativ beurteilt) während der gesamten Pflichtschulzeit muss an den einzelnen Standorten ermöglicht werden.

Autonome Schulentwicklung braucht gute Personalressourcen für kontinuierliche Beziehungs- und Lernarbeit sowie Unterstützung und Begleitung in Krisen- und Konfliktsituationen – und die Möglichkeit, diese Ressourcen bestmöglich schulautonom einzusetzen. Gedacht ist etwa an den Einsatz von zwei Lehrpersonen für jede größere Volksschulklasse, die Arbeit in pädagogischen Teams, fixes Assistenzpersonal usw.

Im Rahmen der Schulautonomie muss die Möglichkeit für den Ersatz von Ziffernnoten durch alternative Rückmeldesysteme über die gesamte Pflichtschulzeit gewährleistet werden. Schulautonome alternative Leistungsrückmeldungen sollen jedenfalls differenziert und individuell über die Lernentwicklungen der Schüler*innen informieren. Dabei bedarf es auch einer Information an die Erziehungsberechtigten über das Erreichen oder Nichterreichen der Lehrplanziele sowie über die Stärken und Entwicklungspotenziale der Schüler*innen. Alle Rückmeldungen erfolgen über Gespräche und Lernfortschrittsdokumentationen.

4. Innovative Wege in der Sprachförderung mit stärkerer Verankerung von Mehrsprachigkeit und entsprechenden Förderressourcen

Ja zum Erhalt und Ausbau von Deutschförderstunden.

Ja zur schulautonomen Ermächtigung des Einsatzes zusätzlicher Deutschförderstunden.

Für je zwei Kinder mit Sprachförderbedarf in Deutsch muss mindestens eine zusätzliche Stunde mit einem/einer Teamlehrer*in garantiert werden.

Ja zur verpflichtenden Verankerung eines sprachsensiblen Unterrichts unter Einbeziehung der Herkunftssprachen der Schüler*innen, verbunden mit den dazu notwendigen Personalressourcen.

Ja zur Ermächtigung der einzelnen Schulstandorte, eine flexible Form der Förderung in der Unterrichtssprache Deutsch zu entwickeln.

Dies soll nach gründlicher Analyse der eigenen Ausgangslage, unter Bedachtnahme auf die Lernvoraussetzungen und die Zusammensetzung der Lerngruppen, allenfalls mit externer Beratung und in intensiver Kleingruppenförderung auf Basis eines gemeinsamen Lernalltags aller Kinder erfolgen.

Nein zu zentralistisch verordneten, verpflichtenden, separaten Deutschförderklassen.

Nein zu selektierenden Testverfahren wie MIKA-D.

Nein zu Sprachstandserhebungen als Kriterium für Schullaufbahnen (z. B. Schulreife, Jahresverluste, Übertrittsmöglichkeiten,...)

5. Für eine soziale Durchmischung von Anfang an (das heißt ab dem Eintritt in den Kindergarten, Bildungspflicht ab dem 4. Lebensjahr)

Um die soziale Durchmischung der Kinder am Beginn ihrer Bildungslaufbahn zu verbessern, müssen Maßnahmen zur Durchmischung von Kindern aus verschiedenen sozioökonomischen Milieus – wohnortnah im Grätzl – implementiert werden.

Bei einer Bildungspflicht ab dem 4. Lebensjahr bedeutet dies für die Erziehungsberechtigten zwei kostenfreie Kindergartenjahre und den Ausbau des öffentlichen Kindergartenwesens.

Für den Schuleinstig bedarf es insbesondere im städtischen Bereich einer gemeinsamen „Grätzleinschreibung"/Clustereinschreibung. Die Verteilung auf die beteiligten Schulstandorte erfolgt nach Gesichtspunkten sozioökonomischen Ausgleichs.

Unter der Voraussetzung einer gemeinsamen Schule würden die Problematiken am Übergang von der Volksschule zur Sekundarstufe I nicht mehr existieren.

6. Ausweitung eines kostenfreien und für alle Schüler*innen zugänglichen Ganztagsangebots in allen Bildungseinrichtungen

Ein umfassender Bildungsbegriff beinhaltet – ergänzend zur Erteilung von Unterricht – auch freizeitpädagogische Angebote durch qualifiziertes Personal.

Ganztägige Bildungsangebote müssen auch denjenigen Kindern offen stehen, deren Erziehungsberechtigte nicht berufstätig sind. Die Kostenfreiheit muss sich auch auf freizeitpädagogische Angebote beziehen.

7. Neue Grundkonzeptionierung der Aus-, Fort- und Weiterbildung von Pädagog*innen

Um Kindern und Jugendlichen ein gutes Rüstzeug für ihre persönliche Entwicklung, eine befriedigende berufliche Integration in die Gesellschaft und einen persönlich sinnerfüllten Lebensentwurf mitzugeben, ist es enorm wichtig, dass die sie dabei begleitenden Pädagog*innen neben der fachlichen Kompetenz auch selbst-, gender-, interaktions- und sozial-reflexive Fähigkeiten entwickeln, trainieren, erleben und weitergeben.

Für quer einsteigende Pädagog*innen müssen Angebote für attraktive berufsbegleitende Nachqualifizierungen zur Verfügung gestellt werden.

8. Förderung partizipativer kommunaler Entwicklungskonzepte

Bildungseinrichtungen sind ein Puzzlestein innerhalb kommunaler Entwicklungen und somit eng verknüpft mit anderen grundlegend wichtigen gesellschaftlichen Bereichen, wie z. B. Wohnen, Arbeitsplatz, Gesundheitsversorgung usw.

Es sind daher Konzepte anzustreben, die sich unmittelbar an der partizipativen Mitgestaltung der betroffenen Personen ausrichten, um etwaige Nachteile auszugleichen bzw. gesellschaftlich inklusive Angebote umsetzen zu können.

Folgerichtig muss es in diesem Bereich Handlungsspielräume für schulautonome Konzepte geben dürfen.

9. Ausreichende und qualitativ entsprechende Personalressourcen für die Ermöglichung von inklusiven altersheterogenen Lerngruppen in allen Bildungseinrichtungen

Qualifizierte personelle Mehrfachbesetzungen in Klassen, Kinder- und Lerngruppen sowie Freizeiteinrichtungen erweitern den pädagogischen Handlungsspielraum und ermöglichen damit, dass auf die Persönlichkeiten und Bedürfnisse der Kinder und Jugendlichen im Sinne aller Diversitätsdimensionen in allen Bildungseinrichtungen ausreichend eingegangen werden kann.

Überbordender bürokratischer Aufwand für die Dokumentation von Schulentwicklungsprozessen ist kontraproduktiv und sollte auf ein sinnvolles und überschaubares Maß reduziert werden.

Autorinnen und Autoren

John Evers, Erwachsenenbildner und Historiker

Barbara Falkinger, NMS-Direktorin in Wien, Mitherausgeberin der schulhefte

Nicol Gruber, Studium der Volkswirtschaft und Sozialpolitik, seit 2017 Referentin in der Abteilung Bildungspolitik der AK Wien. Themenschwerpunkte: Sozialpolitik, Gender und Gerechtigkeit

Lorenz Lassnigg, sozialwissenschaftlicher Bildungsforscher, Institut für Höhere Studien (IHS), Wien

Gabi Lener, leitet eine Ganztagsvolksschule in Wien

Martina Piok, Wirtschaftspädagogin, Lehrerin für kaufmännische Fächer am ibc Hetzendorf (BHAK/BHAS Wien 12), Leiterin des Impulszentrums für Cooperatives Offenes Lernen

Josef Reichmayr, Gründer und Leiter (von 1998 – 2019) der Integrativen Lernwerkstatt Brigittenau, Bildungsaktivist und Initiator von Schulautonomie Monitoring (www.schaumonito.at)

Ilse Rollett, AHS-Direktorin in Wien

Franz Ryznar, Architekt, Mediator, Prozessbegleiter, Geschäftsführer von aap.architekten, Lehrbeauftragter und Referent für Raum und Pädagogik

Selma Schacht, Diplom-Sozialarbeiterin, Betriebsratsvorsitzende bei der Bildung im Mittelpunkt GmbH. Schwerpunkte: gewerkschaftliche und kollektivvertragliche Verankerung der Freizeitpädagogik, Integration & Inklusion

Volker Schönwiese, a. o. Univ.-Prof. (i. R.), von 1983–2013 am Institut für Erziehungswissenschaft der Universität Innsbruck tätig. Themen: Inklusive Pädagogik und Disability Studies, digitale Bibliothek (bidok), Aktivist der Selbstbestimmt Leben Bewegung

Hannes Schweiger, Ass. Prof. am Institut für Germanistik der Universität Wien, Präsident des Verbands für Deutsch als Fremdsprache/Zweitsprache (ÖDaF)

Michael Sertl, Bildungssoziologe an der Pädagogischen Hochschule Wien (i. R.), Mitherausgeber der schulhefte

Ursula Spannberger, Architektin, Mediatorin, Prozessbegleiterin, Genuine-Contact-Professional für Organisationsentwicklung, Entwicklerin von neues WOHNEN 70plus

LIEFERBARE TITEL

Nr.	Titel	Preis
99	Neue Medien I	€ 11,60
100	Neue Medien II	€ 10,90
101	Friedenskultur	€ 10,90
102	Gesamtschule – 25 Jahre schulheft	€ 10,90
103	Esoterik im Bildungsbereich	€ 10,90
104	Geschlechtergrenzen überschreiten	€ 10,90
105	Die Mühen der Erinnerung Band 1	€ 10,90
106	Die Mühen der Erinnerung Band 2	€ 10,90
107	Mahlzeit? Ernährung	€ 10,90
108	LehrerInnenbildung	€ 11,60
109	Begabung	€ 11,60
110	leben – lesen – erzählen	€ 11,60
111	Auf dem Weg – Kunst- und Kulturvermittlung	€ 11,60
112	Schwarz-blaues Reformsparen	€ 8,70
113	Wa(h)re Bildung	€ 14,00
114	Integration?	€ 14,00
115	Roma und Sinti	€ 14,00
116	Pädagogisierung	€ 14,00
117	Aufrüstung u. Sozialabbau	€ 14,00
118	Kontrollgesellschaft und Schule	€ 14,00
119	Religiöser Fundamentalismus	€ 14,00
120	2005 Revisited	€ 14,00
121	Erinnerungskultur – Mauthausen	€ 14,00
122	Gendermainstreaming	€ 14,00
123	Soziale Ungleichheit	€ 14,00
124	Biologismus – Rassismus	€ 14,00
125	Verfrühpädagogisierung	€ 14,00
126	Leben am Rand	€ 14,00
127	Führe mich sanft Beratung, Coaching & Co.	€ 14,00
128	Technik-weiblich!	€ 14,00
129	Eine andere Erste Republik	€ 14,00
130	Zur Kritik der neuen Lernformen	€ 14,00
131	Alphabetisierung	€ 14,00
132	Sozialarbeit	€ 14,00
133	Privatisierung des österr. Bildungssystems	€ 14,00
134	Emanzipatorische (Volks)Bildungskonzepte	€ 14,00
135	Dazugehören oder nicht?	€ 14,00
136	Bildungsqualität	€ 14,00
137	Bildungspolitik in den Gewerkschaften	€ 14,00
138	Jugendarbeitslosigkeit	€ 14,00
139	Uniland ist abgebrannt	€ 14,00
140	Krisen und Kriege	€ 14,00
141	Methodische Leckerbissen	€ 14,00
142	Bourdieu	€ 14,00
143	Schriftspracherwerb	€ 14,00
144	LehrerInnenbildung	€ 14,00
145	EU und Bildungspolitik	€ 14,00
146	Problem Rechtschreibung	€ 14,00
147	Jugendkultur	€ 14,00
148	Lebenslanges Lernen	€ 14,00
149	Basisbildung	€ 14,50
150	Technische Bildung	€ 14,50
151	Schulsprachen	€ 14,50
152	Bildung und Emanzipation	€ 14,50
153	Politische Bildung	€ 15,00
154	Bildung und Ungleichheit	€ 15,00
155	Elternsprechtag	€ 15,00
156	Weiterbildung?	€ 15,00
157	Bildungsdünkel	€ 15,50
158	Linke Positionen	€ 15,50
159	Bildungsanlass Erster Weltkrieg	€ 15,50
160	Das Ende der Schule	€ 15,50
161	Österreich und der EU-Bildungsraum	€ 16,00
162	Neue Mittelschule	€ 16,00
163	SchulRäume	€ 16,00
164	Demokratie	€ 16,50
165	Strategien für Zwischenräume	€ 16,50
166	Lehrer/innenhandeln wirkt	€ 16,50
167	Widerstand	€ 16,50
168	Bildungschancen FAIRteilen!	€ 16,50
169	Reform des Kindergarten	€ 17,00
170	Praxis des Unterrichtens – Bildungstheoretische Auseinandersetzungen	€ 17,00
171	Lust – die vergessene Dimension der Pädagogik	€.17,00
172	Musikerziehung	€ 17,00
173	Engagement für Frieden	€ 17,50
174	Sonderpädagogik	€ 17,50
175	Kunst macht Schule	€ 17,50
176	Migration, Flucht und Bildung	€ 17,50

In Vorbereitung

| 178 | KlimaaktivistInnen an der Schule | € 18,20 |